# 松果體的奇蹟

## 覺醒內在潛能，改寫人生與身體的劇本

松久正——著
邱心柔——譯

# 目錄

## 第3章 靈魂與松果體

# 〈推薦序〉注入靈魂黃金能量的訊息

更家公爵

讀了松久海豚醫師《松果體的奇蹟》原稿後，我眞的從中學到很多。讀著讀著，開始感覺我的人生劇本正不斷改寫，靈魂劇本也在宇宙空間的引導下朝好的方向發展。

一開始，我對於閱讀這本書有點抗拒，因爲敝人才疏學淺，覺得書裡的許多內容都很難懂。但漸漸地，我越讀越有興趣，看著這些極爲深奧玄祕的內容，我的身體變得越來越沉重；接著，一陣疲勞襲來，我感覺自己的大腦已經容納不了這麼龐大的資訊量，松果體不斷膨脹。這讓我感到恐懼，心想「我撐不下去了」，打算稍微休息一下，於是躺了下來。就在這一刻，我整個身體徹底放鬆，感覺身體漂浮在空中，彷彿處於靈魂進入松果體那一刻。我在極爲舒暢的狀態下睡了幾分鐘。

醒過來的時候，我右半邊的松果體被宇宙某個遙遠的地方喚醒，腦海中浮現松久海豚醫師的笑容，伴隨著一股能量注入我的身體。當我整個人清醒過來後，忍不住輕聲說道：「謝謝你，眞是太棒了，我很開心。」

接著，我繼續閱讀這本書，松果體隨著書中的內容不斷活化，這時我終於明白，我的靈魂感到非常喜悅。不知不覺間，我開始在原稿上畫線，在畫線的過程中獲得許多領悟和來自宇宙的啓發，最後竟然把原稿畫成黑漆漆一片，眞是不好意思！

我感受得到，我至今人生中堅信的所有潛意識都被顚覆了，人生劇本不斷改寫。我對松久海豚醫師那句「這樣就好了」的靈魂振動產生了共鳴。

我作爲步行指導者至今的一切迷惘全部煙消雲散，看了《松果體的奇蹟》之後，我相當肯定自己將開發出一套步行宇宙術，大致上的做法是透過步行和宇宙智慧連結，讓宇宙智慧通過脊椎而搖搖晃晃地走著，藉此促進松果體活化，開啓松果體的通道。現在，我整個人燃起了無比的幹勁！和松久海豚醫師奇蹟般的相遇，讓我的靈魂狂喜不已。

松久海豚醫師爲我開啓了松果體通道，我的松果體接收到一股強大的能量，進入活化狀態。這對我今後的步行事業來說，形同一筆龐大的資產，讓我有辦法開創一套連結宇宙智慧的步行法。

我相信《松果體的奇蹟》會受到衆人喜愛，讓人彷彿大啖牛排般讀得津津有味。看起來眞好吃！

謝謝你。眞是太棒了。我實在太開心了。

（本文作者爲步行指導者，「公爵步行治療師養成學校」創辦人，NHK「華麗工房」講師）

# 「松果」的故事

我沒有名字，但別人都這麼稱呼我：

「煩惱吞噬者」。

沒錯，人類的「煩惱」是我最喜歡的食物。

雖然我早已不記得自己的出生日期，但我確實已度過數千年的歲月。

一路上，我見過形形色色的人類，但這數十年來，人類的煩惱種類突然暴增，煩惱的內容也變得越來越複雜，甚至出現一些不合我胃口的煩惱。

眞是令人頭痛。

不過，由於擁有煩惱的人類依然多不勝數，我的食物來源相當充裕。

而且，與我相遇的人類都認爲自己很幸運，畢竟原本的煩惱都一掃而空了……

不僅如此，我還會爲對方準備一項頂級服務——我會用對方最喜歡的模樣，出現在他面前。

好了，我的食物上門了。

是個女的。

讓我來看看這個女生的內心……

＊＊＊

我的名字叫松果。

自從父母爲我取了這個名字的那一刻起，我的人生就開始往奇怪的方向發展。

我實在很懷疑父母的取名能力。

從小，我就因爲這個名字，被同學捉弄了不知道多少次。

「松果，你在等誰啊？你一直在等人，永遠都等不到人來。這也是沒辦法的事，誰叫你的名字是『要等嗎』……哈哈哈！」（譯注：松果的日文發音與「要等嗎」相同。）

同學總是這麼捉弄我。

我向父母詢問過這個名字的由來，卻依然無法釋懷。當時媽媽告訴我：「怎麼取的喔？那時我腦中閃過『松果』這個詞，就覺得非這個名字不可了。」

拜託！怎麼可以用感覺來決定別人的名字啊！

你的女兒因爲這個名字變得性格扭曲，還總是在等人；更慘的是，我等的人永遠都不會來！

現在也是。

爲什麼我得一個人搭遊覽車啊！

好不容易交到現在這個男朋友，和他一起報名了一趟稍微奢侈的旅行團行程，兩天一夜，一人五萬日幣。

我先幫他代墊，一口氣付了兩人份的錢！一直很期待今天的到來。

結果，我在約好的地方等了又等，他卻始終沒來。電話、簡訊、LINE、臉書訊息，什麼方式都連絡不到他。

我已經把休假日排在今天，而且當天取消的話無法退款。

實在沒辦法，只好自己一個人去了！

畢竟可以泡到我一直很嚮往的「無邊際露天溫泉」。

你知道無邊際露天溫泉嗎？

無邊際露天溫泉的外緣設計成肉眼看不見，海洋、天空、風景與溫泉在視覺上連成一線，因此即使人在溫泉裡，卻會有種漂浮在海上的錯覺。

我都已經跟他說好要在黃昏時分和看得見朝陽的時刻去泡溫泉了。

而且，我好久沒請假了，這也讓我很開心。如果我有什麼才華，我絕對會立刻辭職，離開那種爛公司。主管、同事和後輩都是時下少見的那種熱愛加班的人，明明公司沒有給多少加班費，爲什麼他們能那麼投入工作？

我一點也不懂。

我大學讀的是一間空有文憑的四流大學，好不容易修完學分，勉強畢業，進入了這家公司，所以也不敢輕易辭職。在公司裡，我的工作就是接電話、處理文書和泡茶。

每天搭著擠滿人的電車，被壓得喘不過氣來，到公司重複做著一樣的事。自從進入這家公司，我做的都是一些誰都能做的工作。

馬上就要三十歲了，膚況和體力都開始衰退，歲月毫不留情地在我身上留下痕跡，我深刻體認到「我已經不年輕了」。

不僅如此，去年的健康檢查還出現異常，到醫院複檢時，發現身體裡長了子宮肌瘤。雖然醫生說照目前的情況看來不需要動手術，但也很難懷孕了。交往多年的前男友很喜歡小孩，一聽到這個消息，對我的態度立刻變得很冷淡，最後在去年分手了。

好不容易交到現在這個男朋友，卻又被他放鴿子。這不是屋漏偏逢連夜雨嘛！

不管是小時候、學生時期，還是出社會之後，翻遍我任何時期的記憶，都找不到什麼好的回憶。

名字的詛咒實在太可怕了。

我眞的經常等人。和朋友相約見面時，總是我在等對方。

「對不起，我會晚個十分鐘。」到了約定的時間，我總是會收到朋友傳來這樣的訊息，這時也只好等了。

最嚴重的情況是我等了又等，最後對方突然告訴我要取消。至今，我被人放鴿子的次數大概早就超過三十次了吧。

爲什麼只有我會遇到這種事？

我出神地望著窗外的景色，不知不覺，眼淚奪眶而出。

我慌忙地在包包裡尋找面紙。忽然間，我覺得有一道視線盯著我看，於是反射性地轉向那道視線。

糟糕，和那個人對上眼了。

那是一名中年女性，坐的位子和我隔著一條走道，她旁邊的座位也是空的。

那位女士隱約散發出某種氣質。不可思議的是，我們之間竟然感受不到絲毫尷尬的氣氛。一般來說，這種情況下彼此都會覺得很尷尬才對……

這究竟是爲什麼呢？

遊覽車駛入高原上的快速道路，眼前的風景頓時改變。我們的目的地明明是海，之前走的路線卻幾乎看不到海。

而當車子開進這條路後，我覺得自己稍微明白其中的原因了。

這條路幾乎位在山稜線上，遊覽車彷彿奔馳在天與地的交界，讓人有種就要筆直衝上天空的錯覺。

我們即將前往的飯店主打的無邊際露天溫泉也一樣，雖然是人造設施，卻擁有絕美的風景，宛如將極樂世界搬到現實當中。

兩者都能令人體驗到超乎尋常的特別滋味，我深刻感受到旅遊企畫人員的巧思。

第一天的行程主題是山，包括從蘆之湖遠眺富士山在內，瞭望各式山巒美景。

第二天的行程主題則是海，沿著海線一路駛回東京。

不知不覺中，遊覽車進入一般道路，環繞著這座如同小富士山的山峰蜿蜒而行。

大富士山（眞正的富士山）和眼前的小富士山簡直就像兄弟一樣。

接著，終於看到海了。車子一駛入海岸地區，潮水的氣味立刻鑽入鼻腔。

太平洋極爲遼闊。光是看到這片開闊的風景，我就覺得實在該好好誇獎一個人上了這部遊覽車的自己。

好險沒有爲了那種爛男人，放棄擁有這個美好的時刻。

抵達飯店後，我拿到了房間的鑰匙。

本來就聽說這家飯店最近重新整修，一踏入房間，確實正如傳聞所言，散發出一股恰到好處的高級氛圍。雖然看到房間正中央的雙人床時，我雀躍的心依然揪了一下，但我決定徹底忽略這件事。

無論是家具、各式擺設，還是窗外的風景，全都比我想像中還要符合我的喜好。如此難能可貴的時間和空間，與其要我跟一個在退而求其次的心態下交往的男人共享，還不如我自己一個人比較好。我在心裡這麼告訴自己。

我原本是計畫去那個穿著泳衣、男女共浴的露天溫泉，但如今已經沒有這個必要了。於是，我改去女性專用的露天溫泉。

眼前的景色很驚人。

第一次在電視上看到無邊際露天溫泉時，我就深感震撼，沒想到親眼見到時可不只是震撼而已。

我曾聽人說過「感動的時候會無法呼吸」，但一直覺得這完全是胡說八道，現在我知道我錯了。

因爲，我在那一瞬間倒抽一口氣，整個人動彈不得。

露天溫泉的水面與太平洋彷彿融合、相連在一起，有一種不像是屬於這個世界的極致之美。加上太陽即將下山，昏黃的暮色又增添了一股神祕氣息。

我的腦海中甚至閃過「逢魔時刻」這個平時不會用的字眼。

我想，在這樣的時間與空間裡，恐怕「魔」也有機會趁虛而入吧。

如果可以，我眞想把整個場地包下來，一個人獨占這片美景。

我覺得假如這個空間裡只有我一個人，一切都會歸於寂靜，溫泉流動的聲音會跟著消失，時間就這麼停止。不過，裡面已經有好幾個客人了，這也是理所當然的。

其中包括那位在遊覽車上看到我流淚的女士。

「喔，你來啦。」

她主動向我搭話，臉上溫和的笑容絲毫不會令人反感。雖然我覺得有點尷尬，但她的微笑帶著滿滿的溫暖，彷彿把我心中的不自在都融化了。她長得不是特別漂亮，渾身上下卻散發出一股女性特有的魅力。

「嗯，我想說用餐前先來泡一下。」

「是啊，這個時間的這幅景象，不來看就太可惜了。」

「眞的……那個，請問你是一個人來的嗎？呃，我是不是不該問這個問題？」

「沒關係，其實我本來是要和朋友一起來的，但是她突然不能來了。」

什麼嘛，原來這個人和我一樣，經常被人放鴿子——就在我這麼想的瞬間，她又接著說道：

「我的朋友兩週前突然去世了。」

「咦？」

「她是我非常重要的朋友。小時候，我媽媽曾對我說，一定要交到一個同性的好朋友，並且好好珍惜對方。她是我二十多歲時的公司同事，我們一認識就很要好，到現在已經三十年了。我會和她做朋友並不是基於什麼特別的原因，就只是因爲和她在一起很舒服。我們的年紀相差五歲之多，彼此的生長環境和人生經驗也不同，但我就是非常喜歡她。眞的好喜歡她。」

這次換她流淚了。

「她是腦中風去世的。她一個人住，中風發作當時努力找回意識，自行叫了救護車，但終究還是晚了一步……這兩個星期，我整個人就像失了魂一樣，沒辦法接受重要的人去世這個事實，同時深刻感受到自己有多麼無能爲力。不過，我突然覺得來參加這趟原本要和她一起來的旅行，等於是在悼念她……」

我覺得自己實在太丟臉了，剛剛竟然有一瞬間認爲對方也跟我一樣是被人放了鴿子。我爲自己的膚淺感到十分難爲情。

我和這位女士初次相遇，對彼此的事情一無所知，之後恐怕也不會再見面了——或許因爲如此，我忍不住向她傾吐自己的心事。

我將自己目前的狀況和今天發生的事，一五一十地告訴她。

「我今天來參加這趟旅行真是太好了。我肯定是為了來見你的，你跟以前的我還真的有點像。」

怎麼可能！不管怎麼看都看不出我和這名氣質很好的迷人女性有什麼相像之處。她瞥了我一眼，繼續說下去：

「我是在即將邁入三十歲時遇到我的好友的。當時我始終找不到人生的意義，而她一副大姊風範地教了我許多事。遇見她之前，我認為自己毫無價值，吃虧的永遠是我，覺得自己每天面對的都是些討厭的事。」

「眞不敢相信，我現在從你身上絲毫感受不到這種感覺。」

「是嗎？眞高興聽到你這樣說。不過，人是會變的，眞的會在一瞬間就開始改變了。」

「一瞬間？怎麼可能……」

「你覺得我在胡說八道吧？但這是眞的。世界上有一種魔法，只會在相信的人身上應驗。這是她告訴我的，你想知道嗎？」

我對這番話半信半疑，但也只能點頭。她微笑著用右手食指輕觸我的眉心。

「在這個位置深處，住著屬於你的神，一個很小很小的神。不過，一旦你否定祂的存在，祂就會變得越來越小，永遠沉眠下去。很可惜，你的神目前正在睡覺，只要你不喚醒祂，祂就永遠不會發揮神力。」

「要怎麼做，神才會醒過來呢？」

唉呀，我竟然這麼認真地問她。什麼腦袋裡的神，我怎麼會去理會這種奇幻的事物呢……儘管我心裡這麼想，卻也很好奇她會如何回答。

「要是腦袋裡真的有神，我們當然希望祂能甦醒過來，發揮祂的力量，對吧？我當時也跟你一樣苦苦追問她。」

嗚，我的心思被看穿了。我再一次感到羞恥。

「沒關係的，放心好了，絕大多數人都會踏上同一條路。但是，倘若不知道其中的道理，就沒辦法通過這條路；而假如知道後依然不付諸實行，就會永遠在原地踏步，一直在同一個地方轉來轉去。」

緩了一口氣之後，她繼續說道：

「如果我說，每個人的父母、名字和環境都是自己選擇的，你應該覺得不可能吧？我知道，但請你好好聽我說完。總而言之，一旦假設自身擁有的一切都是自己選擇的，那麼問題就來了：自己到底爲什麼會選擇這張臉、這副身體，以及這樣的名字、父母和環境呢？畢竟任何人都會希望自己擁有一張漂亮的臉蛋和一副好身材，不是嗎？」

我非常同意這番話，忍不住點了點頭。

「當時我這麼問她，她聽了就說：『我們每個人都擁有許多課題，只要不完成這些課題，就沒辦法提升等級。』」

「提升等級？什麼等級啊？」

「正常來說，誰聽了都會有這樣的反應，對吧？但是，她聽了我的問題後，卻面不改色地接著說，是『靈魂』的等級。」

「靈魂!?這是什麼宗教嗎？」

「就是說啊，眞的很可疑吧？不過，我很清楚她沒有宗教信仰，而且宗教觀跟一般人一模一樣。更重要的是，她本身是個極具魅力的人，我非常仰慕她，所以很想了解她的思考方式，便繼續聽她說話。」

原來如此，這種心理簡直和現在的我一模一樣。

「她接著說，在這個地球上，有一種眼睛看不見的階級制度，人們只能遇見擁有相同靈魂等級的人，這就是宇宙的法則。不過，偶爾也會遇到等級不同的人，這些人會幫助自己提升等級。我們可以藉助對方的力量解決『靈魂』的課題，提升自己的等級。」

「你說的是『課題』嗎？課題究竟是什麼？」

「比方說，此時此刻讓你感到厭惡的事物，或是對你來說很討厭、很受不了的事物，都是你的課題。」

「這麼說來，就是有大量的課題囉？假如要把這些課題全部解決才能提升等級，那根本就是不可能的事嘛。」

「呵呵，你果然和我很像。當時我也對她說了一模一樣的話。」

「真的嗎？」

「真的。但她告訴我，這一切都不成問題。對提升自己的靈魂等級而言，這些討厭的事物都是必要且不可或缺的元素——正因如此，所以這一切都是出於自己的選擇。而就在你稍微開始接納這個想法，覺得『或許眞是如此』的那一瞬間，神就會開始甦醒。」

「就這麼簡單？」

「是啊，乍聽之下會覺得很簡單，對吧？不過，雖然說只需要稍微接納這個想法即可，但是所謂的接納，必須是眞心誠意地認爲『這些事物是我自己選擇的』。所以，假如你覺得自己已經單純用頭腦明白了這個道理，在心裡告訴自己『這是我自己選擇的』，就不會有效果。我們必須充分接納這套說法，打從心底覺得『或許眞的是這樣』。就在這麼想的那一刻，最初的一個小開關就會開啓，事物會開始接二連三產生變化。以我自己來說，我的人生確實從那時開始就一點一滴地逐漸轉動了起來。」

這位女士接下來又繼續講了一段故事，不用說，當時我依然只覺得那些東西很虛幻。

換句話說，我並未真正接納這套說法。不過，如果單純當作是在聽故事，倒是十分有趣，且具有強大的療癒效果，將我從早上到中午的所有不愉快一掃而空，因此我很感謝她對我說了這番話。

我們泡得稍微久了一點，接著享用一頓海鮮大餐，之後便回到各自的房間。

但是，當我打開房門後，看到房間裡有一名男子。

這個人不是我的男朋友。這是當然的，我的男友才沒有這麼帥。

「對不起，我走錯房間了。」我急忙關上門，但接著想到，這個房間的門明明可以用我的房卡打開，仔細一看，門上的房號也沒錯。

我懷著戒慎恐懼的心情，再次打開房門，果真有一名男子坐在那裡。

他長得超級帥，完全是我喜歡的類型。

「那個，看來是你走錯房間了。你不走的話，我要叫飯店的人過來了。」

「不是這樣的，松果小姐，我們都沒有走錯房間，我是在這裡等你的。」

這傢伙的臉蛋和身材都超正，但腦子似乎有點不正常。

就在我心想「這傢伙很危險，我得快點逃走才行」的時候，他突然把我推到牆邊，掛上了門鍊。

「請你放心，我絕對不會做出任何傷害你的事。你是我的客人，我只是想招待你而已。」

他說完這句話，桌上忽然出現茶和甜點。

怎麼回事？難不成我剛才喝酒喝醉了嗎？唔，剛剛我確實是不加節制地喝過頭了。

這樣啊，原來腦子不正常的是我。

原來如此，這只是一場夢。嗯，絕對是夢沒錯。既然只是個夢，那就無所謂了。這只是一個被放鴿子的可憐女人喝醉後做的夢而已，是我的欲望創造出眼前這個理想的男人和滿桌的甜點。

放輕鬆啊，松果！

這只是夢，只要知道這是場夢，就沒什麼好擔心的。倒不如說，置身在這樣的情況下，要是不好好享受就太浪費了。

雖然在夢裡沒辦法確實品嘗到食物的味道，但眼前的蛋糕光用看的就覺得十分美味，我還是來嘗嘗看吧。

儘管只是一場夢，這些蛋糕卻比我至今吃過的任何一種蛋糕都更加美味可口。

不僅如此，我眼前還坐著一個比任何偶像或演員都俊俏的男子，始終凝視著我。

既然只是一場夢，那麼我也可以做些平常不會做的事。平時的我面對這麼俊美的臉孔根本無法直視，除非是在看照片或影片才有辦法直愣愣地盯著看，但由於現在是在夢裡，於是我想像自己變成一個美女，果斷地注視對方，回應對方的視線。

我真的好幸福啊，雖然這只是一場夢。

「這些甜點合你的胃口嗎？」

啊，連聲音都符合我的喜好，做夢眞是太方便了。

「嗯，眞的好可口，謝謝你。」

「那麼，你可以答應我的請求嗎？」

「好的，只要我做得到。」我稍微模仿了一下氣質美女說話的口吻。

「太好了。我不是人類，所以沒有名字，但有些人稱呼我為『煩惱吞噬者』，我今天來是為了收下你的『煩惱』。」

「我的煩惱？」

「是的，你有許許多多的煩惱，因此我特地前來收下你所有的煩惱。」

「是啊，我有非常多煩惱。不過，要是我把煩惱給了你，我會出現什麼變化呢？」

「松果小姐，你們人類吃的是食物，我的佳餚則是人類的『煩惱』。只要我吃過一次你的煩惱，你往後的人生就不會再有任何煩惱了。你會度過一個極爲舒適暢快的人生。」

「從今以後，直到永遠？」

「是的，直到永遠。」

「人生永遠不會再有煩惱？」

「是的，正是如……」

和這個人對話的過程中，我心裡很清楚這只是一場夢，但與此同時，遙遠的意識也浮現那位女士在泡露天溫泉時說的話：

「所有煩惱都是自己選擇的課題，用來幫助自己提升靈魂的等級。」

她的表情和聲音都十分溫柔，彷彿包覆人心的花朵般，倏然浮現在我的腦海中。

「不行！不行！這些煩惱是我的，不能隨隨便便就給你。我的課題必須由我自己解決，否則就沒有意義了！」我向他大聲喊道。

我被自己大喊的聲音吵醒了。

回過神之後，我發現超級帥哥「煩惱吞噬者」已經消失了蹤影。也是啦，畢竟只是一場夢……

不過，桌子上卻還留著吃到一半的甜點和茶飲，因此我無法分辨哪部分是夢、哪部分是現實。

唯一能確定的是我喝醉了。於是，我直接倒在雙人床上，沉沉睡去。

我在想著「廁所！」的狀況下醒來，這時，手表指著五點三十分。

我的腦袋還是迷迷糊糊，桌上依然放著吃到一半的甜點和冷掉的紅茶。

難道我喝醉以後，自己用飯店提供的茶和甜點唱了一齣獨角戲嗎？

想到這裡，我就覺得丟臉得不得了，臉漲紅到快冒煙了。

啊！現在是五點三十分。日出的時間是幾點呢？

我查了一下，得知太陽會在六點左右升起。飯店的露天溫泉從六點開始開放，又是坐西朝東，看得到太陽升上地平線的第一道曙光。

準備好泡湯要用的物品後，我和昨天一樣前往女性專用的露天溫泉，結果又與那位女士巧遇了。

「早安。你碰到什麼事了嗎？表情和昨天完全不一樣，感覺好像散發著光彩。」

「咦？應該是這裡燈光的關係吧。昨天我喝醉了，睡得一塌糊塗，連飯店特別提供的甜點也沒吃完……」

「昨天晚餐的甜點眞的很可口，菜餚也很美味，但是量太多了，實在吃不完。雖然大家都說裝甜點的是另一個胃，但果然還是吃不下了呢。」

「不是耶，我說的不是晚餐的甜點，是飯店額外送到客房的茶和甜點。」

「咦，原來有提供這樣的服務啊？是不是每個房間附帶的服務不太一樣呢？」

不，這是不可能的。既然如此，難道那並不是夢？

我的酒意現在尙未完全消除，腦袋還有點迷迷糊糊的，沒辦法充分整理各項資訊。

然而，早晨的海洋與昨天黃昏時分的感覺完全不一樣。調整好心情之後，我生平第一次見到太陽從海上升起的模樣。

我覺得自己正看著某樣神聖的事物，心中湧現一股肅穆的感覺。陽光灑落在地平線上，光線的顏色瞬息萬變，接二連三不斷變化。同時，天空的顏色與亮度也不停轉變。

「每天日出時的陽光都會讓我們重生。現代人的生活很難接觸到太陽，不是嗎？白天的太陽和光線都很重要，尤其是日出時陽光的力量更是我們腦中神的佳餚。」

和昨天一樣的柔和嗓音傳入我耳中。聽到「佳餚」這個詞，我立刻想起昨晚的煩惱吞噬者那張俊俏的臉。

「煩惱……」

「嗯？煩惱怎麼了？」

「昨天聽了你在這裡說的那番話之後，我開始覺得自己的煩惱其實也沒有什麼大不了的。不過，我現今置身的狀況當然還是沒有任何改變，明天我肯定會一如往常地擠上人滿爲患的電車，到公司做些無聊的工作。至於那個放了我鴿子還完全失聯的男友，勢必也得走上分手一途。但我現在突然覺得，即使如此，似乎也沒什麼不好。」

「那眞是太好了，看來破曉的陽光已經打開了你的神開關，眞的是太好了。接下來肯定會有越來越多好事降臨在你身上，眞令人期待。」

「怎麼可能呢？才不會因爲這點小事就產生變化。」

「這個時候不必去否定，只要單純感到開心就好了，否則好不容易開始甦醒的神會再次沉眠，那就太可惜了。」

「咦，眞的嗎？」

「是啊。今後肯定會慢慢有一些不可思議的事發生在你身上，那些事絕非偶然，是因爲神甦醒了所致。當你遇到那些好事時，只需要想著『謝謝你，眞是太棒了，我很開心』就好了。」

「謝謝你，眞是太棒了，我很開心。」

「就是這樣。這也是一句魔法咒語，對神來說，這句話就像一頓佳餚，只要發生一件小小的好事，就要記得帶著感謝的心對腦中的神說這句話。光是這麼做，你就會開始出現變化。我會認識我的老公，現在會過得這麼幸福，都是因爲不斷重複這個過程而得到的結果。」

昨天她說這番話時，在我聽來只不過是一則奇幻故事，但今天早上這番話在我耳中卻有點像是眞的了。此外，相信這套說法，我也不會有任何損失。

想到這裡，我決定現在就來試試看。我讓自己沐浴在陽光下，閉上雙眼，在心裡對著頭部的中心輕聲說道：

「謝謝你，眞是太棒了，我很開心。」

雖然這麼做有些不好意思，但不知爲何，心裡似乎有點暖暖的。

當我泡完溫泉回到房間時，那些茶點已經不見了。雖說是額外的服務，但房務人員隨意進出我住宿的房間，讓我不太高興。

吃過早餐，整理好行李。

到櫃檯歸還房卡時，我詢問昨晚是否有額外提供甜點，但飯店人員回答他們並未提供這樣的服務。

那麼，這一連串事情究竟是怎麼回事？

離開飯店時，我腦子裡依舊充滿問號。第二天的行程主題是海，和昨天一樣令人心曠神怡。那位女士坐到我旁邊的位子上，我們一路上聊得很愉快，時間一下子就過去了。

好久沒有像這樣放空腦袋，好好享受當下的時光了。

我打從心底覺得，能參加這趟旅行眞是太好了。

太陽西下，遊覽車駛離海邊，進入高速公路。周圍的景色也開始轉變，簡直就像從夢中醒來一樣。

這時，我收到一則訊息，是公司的後輩傳來的。

「松果前輩，請你快點回來吧，你不在我可慘了。課長現在深深感受到你的重要，我做的資料被他罵說問題百出，就連泡個茶都有人說我泡的和你差太多了！」

這個女孩是公司裡跟我最投緣的人，但她至今從未傳過這種內容的訊息給我。

原來，我還是派得上用場，公司還是需要我的。

想到這裡，我就覺得好高興，於是又想向腦中的神道謝了：

「謝謝你，眞是太棒了，我很開心。」

就在我準備收起手機時，又收到了一則訊息。

是他。

事到如今才傳訊息給我，還有什麼意義啊？我打開訊息一看，卻嚇了一大跳。

「對不起，松果，眞的很對不起。現在我人在醫院，昨天出門時發生車禍，被救護車送到醫院，這段時間一直失去意識，所以都沒有連絡你，直到不久前才恢復意識，現在終於取得醫生的同意，總算能傳訊息給你了。眞的很對不起。我沒有生命危險，但身上有三處骨折，醫生說必須住院一個月。」

不會吧！他竟然出車禍了！

而我卻自顧自地對一個失去意識的人發火，自顧自地打算和對方分手。

「對不起，我完全不知情。快點告訴我是哪家醫院！我預計晚上六點會回到東京，到時會直接去醫院看你。」

我回了他這樣的訊息。應該道歉的人，是我才對。

我一邊深切地反省，同時也覺得實在該感謝神：

「謝謝你，眞是太棒了，我很開心。」

我將公司後輩和男朋友的事告訴那位女士，她聽了之後，高興得彷彿是發生在她自己身上的事情一樣。

道別時，我們依依不捨地交換了連絡方式，也終於互相報上自己的名字。

她叫百合子，這個名字真是恰如其人。

我也跟著報上自己的名字，她一聽便笑了出來。

看吧！我的名字果然很奇怪。我不由得又埋怨起了父母。就在這時，她開口說道：

「笑了你真是對不起。昨天我跟你說的那個腦中的神，叫『松果體』，而你的名字就叫『松果』。」

咦，神的名字？

我這輩子第一次喜歡上自己的名字。

〈前言〉

# 讓松果體覺醒，成為理想中的自己

「這只是個不切實際的美夢。」

「事情不會如你所願的。」

「不要好高鶩遠。」

「該放棄時就要放棄。」

「這個目標不符合你的條件與能力。」

自從古代地球社會的人被普遍價值觀與制式觀念束縛以來，這幾句常見的話就一直是人們高頻率使用的魔法用語。從小，父母、學校、社會也都是這麼教導我們的。

所以，大家才會變得越來越壓抑自己的想法，認為「事情不可能真的像我想的那樣順利發展」。

現今這個充滿限制與束縛的僵化地球社會，就是由地球人這些僵化的意識與思想造成的。

一直以來，人們總是認爲自己不完美，始終要求自己「我應該這麼做」「我應該變成這個樣子」。

現有的科學與宗教也告訴我們「人應該這麼做」「人應該變成這個樣子」，但其實這並不是宇宙眞正的樣貌！

現在的地球社會和地球人，呈現出虛假的樣貌。

而之所以會出現如今這種僵化死板的地球人，是因爲「**松果體**」未活化所致。

只要抱持「這樣就好了」的心態，輕鬆隨興地生活，就能促進松果體活化；而一旦松果體活化了，對事物的接受程度便會進一步提升，更加認爲「這樣就好了」。

這麼一來，「僵化死板」的地球人，就能化身爲「悠哉愉快」的新地球人。

於是，人們的常用語會變成這樣：

「這不是個不切實際的美夢。」

「事情會如你所願的。」

「人可以自由地變成理想中的自己。」

「根本不需要放棄。」

「打破自己的條件與能力。」

新地球人到底是哪裡有所改變呢？

答案是：松果體的通道敞開了。

一旦松果體的通道敞開，人就能自由地化身爲**理想中的自己**。這就是「松果體革命」。

在悠久的地球歷史中，松果體一直被封印，如今終於到了甦醒的時刻。
你的松果體，現在即將甦醒。

# 第 1 章

# 不可不知！
# 關於松果體的幾件事

# 何謂松果體？

存在我們身體裡的松果體，究竟是個怎樣的器官？

松果體是個體積很小的內分泌器官，呈紅灰色，大小近似青豆（約七、八公釐），位於大腦的中心位置，形狀就像一顆松果。

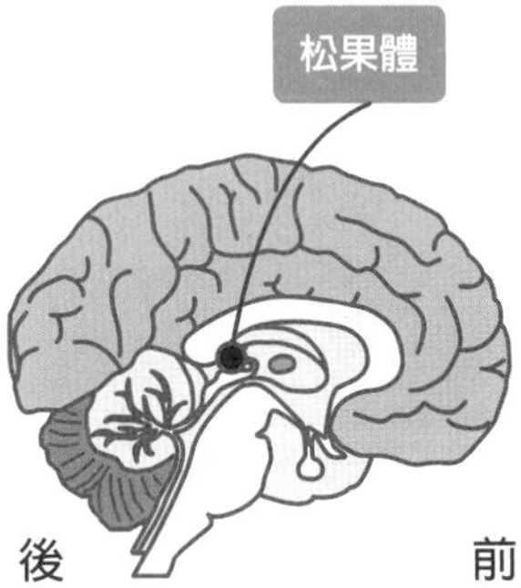


若從解剖學的角度說明，松果體位於第三腦室後方，左右第四腦室中間，腦下垂體上方，下視丘下方。

人類於一九六〇年代得知松果體是一種製造褪黑激素的內分泌器官，人體的生理時鐘就是由松果體建立的。

當人們白天晒到太陽時，松果體會分泌俗稱幸福荷爾蒙的「血清素」；到了晚上、陽光減少時，則會分泌睡眠荷爾蒙「褪黑激素」。

近年來，研究發現「二甲基色胺」這種身爲色胺類原型的生物鹼，也和褪黑激素與血清素一樣，都是由松果體製造、分泌而成。二甲基色胺也可見於自然界，被稱爲「天然致幻劑」。

松果體由於位在腦部深處的核心位置，自古以來就被哲學家認爲具有重要功能。

知名哲學家笛卡兒認爲，這個世界是由物質與靈性兩種不同的要素所構成，而這兩者透過松果體產生連結，於是，他將松果體稱爲「靈魂之座」。

## 爲什麼半夜比較容易發生神祕體驗？

下視丘與腦下垂體是大腦中兩個發揮重要功能的部位。人體所有內分泌的最初源頭在下視丘，腦下垂體則是中繼點。而松果體與這兩者的位置相近，帶來頗大的影響。

松果體於夜晚分泌褪黑激素，白天則停止分泌。松果體在分泌褪黑激素的時段最爲活躍，約爲半夜兩點到四點之間，這段時間人們較容易和宇宙智慧連結。

相反地，由於白天停止分泌，因此就算睡午覺，也不會製造出多少褪黑激素。

半夜兩點到四點是褪黑激素分泌的高峰期，如果這時呈清醒狀態或在半夢半醒之間，松果體的通道便會開啓，得以接收宇宙智慧傳來的訊息。

在這種狀態下，松果體除了分泌褪黑激素，也會分泌大量的二甲基色胺。

新墨西哥大學精神病學系的瑞克．史特拉斯曼教授曾發表如下的研究結果：

「到一九九五年爲止已對六十多名受試者進行超過四百次的二甲基色胺靜脈注射，其中近半數受試者聲稱遇到非地球生物。本實驗取得美國食品藥物管理局的許可。由於人類大腦中的松果體會製造二甲基色胺以作爲神經傳導物質，研究推測，這種物質與人們發生宗教性神祕體驗或瀕死經驗有關。」

也就是說，研究指出，這些遇見地球外生命體的受試者，是因爲松果體通道開啓而接觸到了異次元世界。

根據這項實驗，我們可以推測，松果體活化之後較容易分泌二甲基色胺，於是更有可能接觸到異次元世界，以及高次元的宇宙。

# 松果體爲何被稱爲第三隻眼？

在許多佛像或佛畫上，都可見到佛祖或菩薩的眉心有一顆又小又圓、類似痣的東西，稱爲「白毫」。

白毫在佛教是一種綻放光芒的右旋白毛，象徵一個人已經悟道。

當一個人悟道後，第三隻眼會跟著打開，這也是第六脈輪所在。第三隻眼位於眉心，而此部位的深處就是松果體所在的位置。

松果體之所以被稱爲第三隻眼，一來是因爲它是對光有所反應的器官，二來則是因爲松果體的組成物質是「矽」。

矽是水晶的主要成分。人類眼球中相當於鏡頭的部分稱爲水晶體，因此眼球可說是由水晶（矽）所構成，而松果體同樣是由矽構成的。

松果體雖位於大腦中央，卻是一種對光很敏感的器官，我想這就是它被稱爲第三隻眼的原因。

動物與昆蟲也有松果體。

蛇的松果體稱爲「顱頂眼」，位於頭部最上方。螳螂與蜻蜓的松果體則位於雙眼中間，且暴露在外。

此外，那些沒有眼睛的魚類，以及完全生活在黑暗中的蝙蝠，也是用第三隻眼（松果體），而非肉眼來確認自身位置。

可以讓我們看見松果體發揮這種作用的明顯例子，就是龐大的魚群與空中整齊排列的鳥群。數量龐大的魚一同游動時的姿態非常壯觀，簡直就像合而爲一、化身成一種巨大的生物；但若單純以肉眼判斷游動方向和速度，是不可能游得那麼整齊劃一的。鳥群呈V字排列飛行也是一樣，要始終保持一定距離飛行，直到抵達目的地爲止，光憑鳥類具備優越的運動能力這一點，並不足以說明牠們是如何辦到的。

這些生物都運用了松果體，進行宛如心電感應般的溝通與交流。

從這些情況來看，我們可以推論出松果體就是第三隻眼（第三隻眼可以感受到肉眼看不見的事物）。

我們人類也一樣。追溯到古代，便會發現古代人類的松果體也呈活化狀態，除了使用語言交流，還會透過心電感應對話。當時人類的松果體發揮了第三隻眼原本應有的功能，擁有的力量遠比現在強大。

說句題外話，基督教的宗教畫中，人們頭部後方有個圓形的光暈，其實就是象徵松果體綻放的光芒。

宗教畫中的天使、耶穌與馬利亞頭部綻放光芒，代表其松果體擁有強大的力量，因此松果體散發的光芒也極爲強烈。

## 「松果」之謎

關於松果體的研究相當少，至今的醫學與科學尚未釐清松果體的功能與運作方式，可說是個充滿謎團的器官。

不過，一旦回溯歷史便會發現，古時候的人就已經將松果體視爲重要器官。在古埃及壁畫、希臘神話的繪畫與基督宗教的建築物中，松果體以「松果」形狀的圖案出現過無數次。

假如在一無所知的情況下觀賞，只會覺得出現在建築物與壁畫中的松果形狀純粹是個圖案。不過，一旦知道「松果」等於「松果體」，肯定就會覺得十分不可思議。

爲什麼古人會畫出這樣的圖案？

從繪畫中的場景可知，當時的人相當重視這個圖案，對他們而言是種特別的存在。

首先，來看一下埃及壁畫。畫中的人對著太陽高舉雙手，他手上拿的其實就是松果。此外，他頭上戴的東西也是以松果爲範本。

古埃及法老阿蒙霍特普四世正在膜拜太陽神阿頓，可以看到他的手上放著松果。

為什麼是松果？

為什麼要獻給太陽？

古埃及人留下的遺跡充滿謎團，他們擁有遠比現代科學先進的知識，畫出來的圖想必不會是毫無意義。

此外，著名的「眞知之眼」（又稱「荷魯斯之眼」）是古埃及的象徵符號之一，在壁畫裡出現過無數次，可說是頗具代表性的古埃及標誌。而眞知之眼其實與人類大腦剖面圖中松果體周圍的組織形狀一模一樣。

左眼「烏加之眼」象徵月亮，右眼「拉之眼」則象徵太陽。進一步探究下去，會發現以下關連：

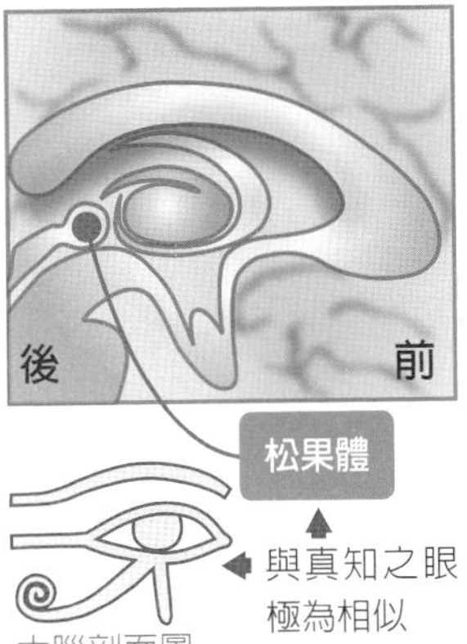

大腦剖面圖

壁畫中的真知之眼
©DEA / W.BUSS / Getty Images

眞知之眼的左眼（月亮）＝烏加之眼＝海馬迴（蛇）＝分離（我）

象徵：集體意識、普遍觀念、僵化思想

眞知之眼的右眼（太陽）＝拉之眼＝松果體（松果）＝調和

象徵：內在宇宙、宇宙智慧

希臘神話中有個叫荷米斯的神，手持「雙盤蛇帶翼權杖」。這根權杖相當有名，現代的商業、交通與醫療領域都使用了源自這個圖案的符號，我們經常可以看到在權杖頂端畫著荷米斯之翼的圖案。

雖然雙盤蛇帶翼權杖的樣子有許多版本，但共同點都是權杖周圍有兩條蛇向上盤旋，纏繞在一起。

不過，書中這張照片的權杖最上方有顆松果，看起來就像兩條蛇搶著要吃松果。而這兩條蛇代表的，正是普遍觀念、僵化思想及集體意識等妨礙人們接收宇宙智慧的事物。

希臘神話的故事內容看似玄幻且荒誕無稽，卻能帶給我們許多啓發。

除此之外，基督宗教教堂的建築物與裝飾上，到處可見松果的蹤跡。是因爲當時流行這種圖案嗎？不，當然不可能是出於這樣的理由。

荷米斯拿的權杖上，有兩條蛇圍繞著松果。

©Atlantide Phototravel / Getty Images

基督宗教的聖地梵蒂岡的聖彼得大教堂中庭有一顆巨大的松果，這是西元一～

二世紀鑄造的銅雕。將如此巨大的松果放在大教堂裡，難道是毫無意義的嗎？

關於這一點，背後也隱含了深刻的意義。

古埃及、希臘神話與基督宗教的發祥年代，距離現在已相當遙遠。當時的人與現代不同，生活環境與大自然和宇宙之間的關係極為密切，人的感覺自然也與現代人有著極大的不同。

## 被封印的松果體

直到不久前，松果體還一直都不受人們重視。

雖然現在關於松果體的研究已經慢慢有所進展，但人類真能憑藉醫學手法探究出松果體的奧祕嗎？這是個很大的問號。

因為，松果體是個光憑一般科學與醫學手段無法衡量的神祕器官。

位於法國的普瓦捷聖母大教堂
©ArnoLagrange

聖彼得大教堂中庭的松果銅雕
©dbvirago / Depositphoto.com

耶路撒冷「聖母安眠堂」裡的擺設
©alefbet / Depositphoto.com

松果體明明是古文明時期的人相當重視的器官，現代人卻對它一無所知。

由此可以推斷，很有可能是在某個時間點被人刻意隱瞞了。

那麼，爲何有人要隱瞞松果體的事？

因爲，松果體隱藏著極爲驚人的力量。

回顧人類歷史，我們可以看見任何國家、任何時代的掌權者與特權階級，都會獨占那些昂貴、珍貴或具有相當價值的物品，並隱瞞這些珍貴物品的存在。

換個角度來看，便能發現背後隱藏著這樣的理由：

「要是被一般人知道，就會產生不必要的麻煩。」

平民若知道眞相並擁有特殊能力，就會變得很難掌控。

松果體中潛藏著一股巨大的力量，長期以來都被那些掌控地球的當權者封印了。

當權者透過以藥物與手術掩蓋表面問題的**醫學**，以及被政治與經濟控制的

**社會**削弱人們松果體的力量，讓人以爲自己無能爲力，什麼都辦不到。

以金錢、權力、普遍觀念與僵化思想左右社會大衆，削弱人們松果體的力量，對當權者來說更有利。

比方說，醫學原本的目的應該是治病，但爲什麼人們還是有許多疾病？因爲對醫療產業而言，病人就是客人，爲了盡可能讓更多人長期來看病，乾脆就讓人類的免疫系統與製造能量的功能保持衰弱狀態，對他們來說比較有利。

一旦松果體的力量減弱，人便無法和宇宙智慧連結，沒辦法發揮原有的能力。這樣一來，就更容易操控人類了。

事實上，爲了削弱人們松果體的力量，當權者用盡一切手段。不過，我們對此卻一無所知，還以爲沉睡的松果體才是正常狀態，就這樣過著每一天。由於松果體的力量極弱，無法發揮直覺力，一切只能仰賴他人幫忙。於是，我們就被自己的人生與身體折磨，痛苦不堪。

當權者巧妙操縱資訊，讓我們不得不仰賴現代醫學與科學、仰賴他人、仰賴國家與社會。

遵循他人的說法、仰賴他人生存，本來就偏離了生命應有的姿態。若想找回自己原有的樣貌，我們必須喚醒自己的松果體。

第 2 章

# 了解松果體之前，先具備宇宙基本知識

# 你原本的樣貌

「人類到底是什麼？人類原本應該是什麼樣子？」

所有誕生在地球上的人，應該至少都想過一次這個問題。

長久以來，無數哲學家與科學家以各種方式尋找這個問題的解答，至今還是沒有得出一個確切的答案。

針對這個艱難的問題，我在此提供一個明確的答案：

「人類與一切生命的本質，是那些眼睛看不見的能量。」

這就是答案。

此處的能量也可稱爲「靈魂」。說得更精確一點，就是「不具備身體或物質的一種能量」。

目前公認地球上最小的粒子爲「基本粒子」。基本粒子體積極小，肉眼看不見，是構成原子、質子與中子「最爲基本」的粒子。

我們的能量原本是一種不具有意識、也不具備絲毫特性的能量體。由於我們能量的體積無疑比基本粒子還要小，因此應該稱爲「超基本粒子」。超基本粒子是一種比基本粒子還小的極微小能量，同時也是從物質角度剖析我們靈魂的意識時呈現的形態。

我們是從何時開始以超基本粒子的形態存在這個世界的呢？答案是：我們一直存在無限的時間裡。並非從何時開始，而是**原本就存在**，打從一開始就單純存在於一個沒有時間與空間的地方。

雖然人類從一開始就以超基本粒子的形態存在，但此時並未擁有意識。在這個狀態下，人們不知道自己是自己，也不知道自己存在。直到某一刻，突然因爲振動而開始形成意識與特性，了解到**自己**是存在的。這個瞬間，就是靈魂能量誕生的時刻。

這時的振動產生了「螺旋振動波」，創造出一個無限的時空，極爲寬鬆的時空。不過，由於這股振動是超高速的，因此以科學方式測量時，測出的數值爲零。所謂「超寬鬆」就是這麼回事。這個世界上確實存在著以現在地球人的科學水平無法了解的事物。

那麼，超基本粒子爲什麼會突然開始動起來？

因爲，它有了想知道「自己是誰」的好奇心，有了**來自靈魂的好奇心**。

我再說得詳細一點。超基本粒子原本並未擁有意識，而已經擁有意識的其他靈魂一開始會晃動不定，當這個不具備意識的超基本粒子感受到「他物」碰撞到自己時，開始覺得自己應該是存在的。此時，「**意識**」便形成了。

「自己？自己是什麼？我有點想知道，我想知道得更多。自己眞的存在嗎？自己究竟是什麼？」

由於產生了好奇心，受到這股好奇心驅使，因此想進一步感受自己的存在：

「我想要更加了解自己。」

這一刻，原本不具備意識的超基本粒子開始以無限大的螺旋頻率產生振動。

就在這個瞬間，一股靈魂意識能量誕生了，而這就是你。

當超基本粒子開始以螺旋狀打轉時，就開始顯現屬於自己的特性，靈魂意識能量開始出現各種不同的變化。

而這個漩渦之所以是右旋的，是因爲誕生時碰巧選擇了右邊。也就是說，我們靈魂的意識能量呈現**右旋**的漩渦狀，從誕生後到現在，一直是右旋的狀態。

我們所有人都擁有一個右旋的能量宇宙。

在具有時間軸的三次元空間裡，我們的意識能量呈現右旋狀態，但在二次元的平面上則以振動波的形態顯現。此外，我們也能用粒子的形態來解釋這種波。我們的意識能量在沒有時間軸的二次元狀態下，會化爲一股單純的振動。

# 表象與裡象同時存在

能量誕生在這個世界上時，會和基本粒子一樣分為正、反兩種，接著便立刻消失。而超基本粒子也具有這樣的性質。

這只是觀測上的結果，最初觀測到的能量本身會持續存在，永遠不會消失。換句話說，只有那些具備意識的能量（超基本粒子）會以靈魂意識的形態存在，其他能量（反超基本粒子）則不會擁有意識。超基本粒子與反超基本粒子正是讓靈魂誕生的「右旋」與「左旋」，而我們選擇了右旋。

兩種彼此相對的正反能量，就這麼同時產生了。當出現振動而形成靈魂意識時，會同時產生右旋與左旋的漩渦，兩者就像彼此倒映在鏡中一樣，除了方向相反，其他部分一模一樣。

右旋與左旋能量加在一起時，會因為正與負相互抵消而化為零。由於誕生的那個源頭本身就擁有左與右、表與裡兩面，因此我們生活的世界自然也是由表與裡構成。一切二元或兩極的事物，根本源頭都是這裡。

我們所處的這個右旋宇宙是「表象宇宙」，看不見的那個左旋宇宙，則稱爲「裡象宇宙」。

我們只是恰巧在表象宇宙產生右旋運動而形成了意識，除了這個右旋宇宙之外，還存在著一個擁有左旋意識的宇宙。嚴格來說，這個世界包含了右旋與左旋的意識，但我們無法接觸到那個左旋構成的裡象宇宙，那是我們永遠沒有機會接觸的世界。我們可以知道有那樣的世界存在，卻無法有進一步的了解。

在這個地球社會上，也同時存在著表象社會（光明面）與裡象社會（黑暗面）。想要維持表象社會的運作，裡象社會是不可或缺的。

# 靈魂誕生的故鄉

從我們現在所處的位置來看，光是表象宇宙就已經遠超乎我們的想像。

身爲靈魂源頭的超基本粒子從三百六十度各個角落產生螺旋能量，於是便創造出時間與空間。

那麼，靈魂的誕生地點又在哪裡呢？這個問題實在很令人好奇，現在就來揭開這個謎底吧。

現在我們所處的這個宇宙，是專屬於自己一個人的時空，只存在著自己的靈魂意識能量。請把你現在置身的這個宇宙，想像成一個圓形的泡泡。

事實上，每個人都有一顆自己專屬的泡泡，因此，地球上人們的交流行爲，都是地球人的泡泡彼此重疊的過程。

一旦將每個人生活的宇宙視爲一顆泡泡，就會進一步發現，這個世界還存在著過去、未來、平行人生等無限多顆泡泡宇宙。

這所有的泡泡宇宙，統稱爲「**多次元的平行宇宙**」。

你應該聽過「平行世界」這個詞，多次元的平行宇宙和平行世界是一樣的意思。

這個世界存在著無限多個多次元平行宇宙，我們現在所處的這個泡泡宇宙，只不過是其中的一個。除了現在我們接觸到的這個泡泡宇宙之外，過去與未來的自己，以及位於平行世界的其他自己，也擁有各自的泡泡宇宙。

時間軸上的各個時間點，都有各自的泡泡宇宙；而從現在這一刻起，也不斷產生無數的泡泡宇宙。這所有的泡泡宇宙，正是多次元平行宇宙的根本。

這就是靈魂的誕生之處：**零點**。

靈魂誕生的源頭——零點——創造出所有的泡泡。若要理解這個概念，就必須拋棄「人類是擁有身體的物質性存在」的想法。

人原本沒有身體，單純是一種靈魂意識。

我們意識誕生的那一刻，能量處於極高的狀態。零點的能量高到以現在地球上的科學與數學概念都無法理解。那個世界裡的概念遠遠超乎地球上的常識。總而言之，那是一種無限大的高次元能量。

而我們原本就擁有這種程度的能量。

當現在的這個自己與位於無限大的多次元平行宇宙的那個自己（位於平行世界的另一個自己）進行交流，或是當自我意識與自己以外的意識交流時，就會產生知識與資訊，而零點根據反饋性與全像原理（無論能量如何變化，原本的能量形態都會保留下來）囊括了這所有的知識與資訊。

包括我們靈魂意識的誕生之地——零點——的能量在內的所有知識與資訊（亦即宇宙智慧），其根本能量就是一切的源頭，而一個人能否接收到必要的知識與資訊，將會大幅改變這個人的人生。

# 宇宙是無限大的

**我們無法接觸到的那些多次元平行宇宙所在之處，就在宇宙能量的「場」。**

宇宙能量的「場」，究竟是什麼？

人們認爲宇宙有一定的大小，且不斷膨脹。所謂「不斷膨脹」，背後藏著「有個極限」的概念，但其實宇宙的空間是沒有極限的。

當然，如果將宇宙視爲一個空間，那麼自然有其極限。空間和宇宙空間等字眼，本身就代表有個極限，會在某個地方結束的意思，因此若以「**場**」來理解宇宙能量，便能充分掌握其中的要義。不用說，宇宙能量的場自然是無限大的。

我們靈魂意識能量誕生的那一刻，呈現無限大的螺旋頻率，同時也是一個無限大的場，並不存在空間的盡頭。

而當這股能量的頻率逐漸從零點開始降低時，就會形成一個極限，宇宙空間的概念也隨之而生，人們便開始產生「空間的盡頭」的概念了。

## 選擇擁有肉身，成爲地球人

最近有越來越多人在學習能量或靈魂方面的事，這是個很不錯的現象，但我們絕不能忘記自己是「擁有身體的生物」。我們第一步必須先掌控自己的身體，否則我們的靈魂就無法朝向一個地球人、一個人類該有的方向邁進，也無法讓靈魂呈現應有的狀態。

靈魂是擁有意識的能量體，存在的時間久到人類一生的時間無法與其相提並論，而靈魂因爲想要在地球上生活，此時此刻才會待在這裡。靈魂盼望自己可以進化與成長，因此選擇了人類的身體，以人類的姿態存在地球上。進化與成長是我們生活在地球上最重要的主題，我們的靈魂也十分明白該怎麼做才能達到這個目標，並**藉由松果體選擇了所有適合自己的課題**。

不過，當初由自己選擇課題的記憶沉睡在潛意識下方，因此我們已將此事忘得一乾二淨。明明這些課題都是自己選的，我們在面對這些課題時卻總是會不自覺地抱怨，簡直就像在演一齣自導自演的搞笑劇。

儘管我們已經忘得精光，但「此時此刻身在此處」正是自己（靈魂／能量體）依照自身意願選擇的無可取代的寶貴狀態。

正因為我們擁有身體，才能感受到各種不便，並從中獲得領悟與啓發。

# DNA與智慧能量之間的關係

那麼，人類的身體又是如何產生的？當我們在母親肚子裡形成自己的身體時，爲什麼知道手腳與各個器官該如何生長？

還是一個細胞（受精卵）時，我們就必須知道該於何時、利用何種方法、長出哪種身體部位；出生之後則要知道該怎麼活動手腳，進食時該如何促使腸胃運作，該如何分泌與停止分泌荷爾蒙及酵素，還必須知道受傷時要怎麼自然修復身體，病毒入侵體內時該如何擊退病毒，讓身體恢復正常狀態。我們需要無數的資訊。

想要作爲一名人類生存在地球上，人類需要的資訊多到數不完。

其實，這些資訊都記載在胎兒細胞的DNA中。這裡所謂的DNA不只是現在科學與醫學所知的雙股螺旋DNA，還包括眼睛看不見的**高次元多股螺旋**

DNA（關於多股螺旋DNA，第94頁會再詳細介紹）。

一旦DNA的運作發生錯誤，這個人的身體或人生就會產生原本不會有的問題，而從大腦流經脊椎的**資訊能量**會導正這些運作上的錯誤。在神經流通的資訊能量稱爲智慧能量，也就是靈魂波，靈魂波掌握了一個人的人生與身體所有的關鍵。

靈魂波會從大腦傳遞到全身的神經。從脊髓傳遞到脊髓的分支，也就是脊髓神經，接著再傳遞到末梢神經，直達全身上下的每一個細胞。

這就是**身體的智慧**，亦即**身體靈魂波**。

所謂智慧，就是知曉一切事物、一切知識與資訊。而身體靈魂波這股能量本身已經蘊含了一切事物，不需要再向外學習，這正是所謂的智慧。

不過，身體的智慧又是來自何處？如果沒有一個生產源或輸送源，照理來說，事物便不會誕生，也不會存在。

若要用一句話簡單說明，身體的智慧來自人類身體之外的**宇宙智慧**，也就是**宇宙靈魂波**。

嚴格來講，「來自外界」的說法並不正確，但若要用簡單易懂的方式概念化與抽象化，最適當的說法就是「來自人類身體之外」。

既然是來自外界，那麼究竟是來自何處？

這個源頭，正是自己的靈魂意識能量誕生之處——**零點**。

我們必需的所有知識與資訊，都來自零點。

## 現代醫學的兩個重大問題

我今世的職業是身體專家／醫生，持續接觸許多患者。其實，醫生這項職業的工作內容應該是藉由診斷了解身體與靈魂之間的關係。

不過，現代醫學卻有兩大問題。

第一個問題是認爲「疾病與身體的問題是外在環境引起的，出乎意料地降臨在自己身上」。

因爲把身體出現的問題定義爲「從外面降臨到自己身上的壞事」，就會產生以下這樣的觀念：

「應該消滅或抑制壞東西（例如癌細胞）。」

「救不回來的部分要切掉，或是換一個好的上去。」

「缺乏的要補充，過多的要減少。」

這種想法單純將人類的身體視爲一個物體，只會從表面看待人體。

因此，現今的治療方式自然也都是從外部著手。

第二個問題則是人們普遍認爲「心理狀態不佳會讓人生病」。

內心的狀態啊……

這個想法在某個程度上確實是對的，但接觸許多病人之後，如今我能篤定地說：「身體中的能量流與眼睛看不見的DNA能量被擾亂了，內心才會呈現混亂狀態。」這是無庸置疑的。

現代的醫生與醫療機構不知道、不了解這一點，才會認爲「心理狀態不佳會讓人生病」。然而，再怎麼改善心理狀態，只要能量被擾亂了，就無法得到理想的結果。

人們只想從外部著手，從表面上處理問題，粉飾太平。
人們認爲身體會出現毛病，是因爲心理狀態不佳。
這是現代醫學的兩個重大問題。
只要持續如此，人類就無法朝著原本該走的方向前進。
醫生眞正的定位與目的，並非只是拯救身體，也應該拯救**靈魂**。這才是今後的醫療該走的路。

從高次元社會的角度來看，地球上的現代醫學只有幼稚園的程度。

## 拯救身體與靈魂的超地球醫學

儘管運用的方法有問題，目前也還有許多尚未了解的部分，但就現狀而言，醫生仍然扮演著身體專家的角色。

此外，脊骨神經醫學在美國是一門需要通過國家考試的醫學領域，屬於自然療法的一種。從事脊骨神經醫學的醫生（脊椎矯正師）必須深入了解那些從大腦通往脊椎的神經，以及幫助人類恢復健康的相關知識。

這兩個領域我都精通。

大腦裝載了人類生存需要的所有低次元資訊。所謂低次元，意思就是只停留在地球的水平（由經驗與教育而來），而不是本質上的宇宙智慧。

人類身體的最上方是頭部，大腦就位於此處。大腦下方連接著脊髓，脊髓又一直延伸下去，並且被脊椎這種堅硬的物質包覆住。也就是說，頭蓋骨裡有大腦，脊椎裡則有從大腦延伸下去的脊髓。

人類生存所需的一切資訊，流經的通道只有這裡。資訊從大腦輸出後傳遞到神經，從脊椎傳遞到整個身體，由上而下，通往四面八方。

任何問題都應該要一路追溯到**大腦**。

任何問題都應該要一路追溯到**脊椎／神經**。

對所有人類狀態而言，這兩點是最基本且最重要的。預言家愛德格．凱西也曾在著作中提到，觀察一個人的時候，看脊椎是最重要的，而且是基本中的基本。

若要在眞正意義上拯救身體與靈魂，就必須具備大腦與脊椎／神經兩方面的知識。雖說如此，但只有這樣其實仍然不夠，還需要量子力學與靈性療法的協助。這時，宇宙智慧與眼睛看不見的 DNA 資訊就很重要了。

不光是在醫學方面如此，面對科學、政治經濟，以及與生活有關的一切事物，也同樣必須考量這些眼睛看不見的要素，否則事情就無法順利發展。

這是爲什麼呢？因爲構成人類的不只有身體，還有眼睛看不見的能量體，也就是靈魂能量，而靈魂能量則由靈性方面的因素掌控。因此，處理事情時不考慮靈性方面的因素，本來就是不合理的。

任何人一旦接受這一點，就會開始和宇宙能量（也就是宇宙智慧）連結。如此一來，無論是人生或身體，都會逐漸朝好的方向發展。

整頓那股眼睛看不見的身體能量，可以幫助自己接收到宇宙智慧。從這個角度來看，除了現今的醫學知識，我們還需要其他領域的協助。

## 想要改變，從DNA著手

改變人類的方法並非透過社會協助，也不是以外來的藥物或手術改變，更不是改變內心、改變身體。人類應該從自己的內在，也就是從**眼睛看不見的**DNA著手，不這麼做，人類的本質無法產生任何改變。

所以，如果要改變自己、驅動自己、療癒自己，就要從看不見的DNA能量來修正。

而DNA是由宇宙智慧所控制，若要改變眼睛看不見的DNA，就必須讓宇宙智慧按照正常狀態運作。

人類的身形呈長條狀而重心不穩。若以四隻腳行走會比較穩，因為正好能支撐較重的頭部，但人類卻用兩隻腳站了起來。

資訊是由上往下、由正中央往四面八方傳遞出去，因此若只是要隨時傳遞必要資訊到全身上下的六十兆個細胞，人類完全不需要選擇以兩腿直立，以四隻腳站立就足以將資訊傳遞到脊椎了。

那麼，人類爲何要特地站起來？

這是因爲人類的組成要素是地球外高次元生命體的 DNA，而這些生命體的進化程度遠超過當時地球上的人類，已經習慣以兩隻腳行走了。

現代科學認爲人類之所以用兩腳直立，是爲了使用雙手，但其實這才是眞正的原因。

或許這就是人類的宿命。以雙腳筆直站立會增加脊椎的負擔，較容易阻礙資訊傳遞。此外，其實一個人的人生與身體劇本原本已經記載在眼睛看不見的 DNA 上了，卻因爲充滿限制的普遍觀念與僵化思想，導致 DNA 徹底紊亂。於是，地球上的人類開始在人生與健康方面遭受折磨，痛苦不堪。

從大腦流動到脊髓，用於傳達知識、資訊和指令的神經傳導能量，以及存在細胞內、眼睛看不見的DNA當中寫好的人生與身體劇本，控制了人類的各個面向。

只要改變這些部分，你的人生與身體等所有事物就會開始出現變化。

第 3 章

# 靈魂與松果體

# 靈魂意識能量爲何產生問題？

我將依序說明靈魂與松果體之間的關係。自從我們成爲靈魂意識能量，誕生在宇宙開始，就會與自己之外的其他能量交流。由於我們以能量的形式運動，因此會互相碰撞或接觸，產生交流。

交流的對象五花八門，可能是體驗過自己並未體驗的事物的自身靈魂意識能量，也可能是自己以外的靈魂意識能量。

我們可以藉由與各式各樣的對象交流，獲得形形色色的知識與資訊，但與此同時，能量也會變得越來越紊亂，這就是所謂的「熵增原理」。熵是用來代表一個系統混亂程度的物理量，越混亂，熵的數值越大。

能量一旦越來越混亂，振動頻率也會跟著下降；一旦螺旋振動頻率下降，能量的節奏就會變得紊亂，於是能量便會越來越沉重。

這樣的紊亂正是靈魂意識能量產生問題的原因。

我是誰？

我真的安於現狀就好了嗎？

我知道如何愛自己嗎？

從意識生成的混亂情緒，就是這麼產生的。

我用一個例子來說明能量紊亂的情況。

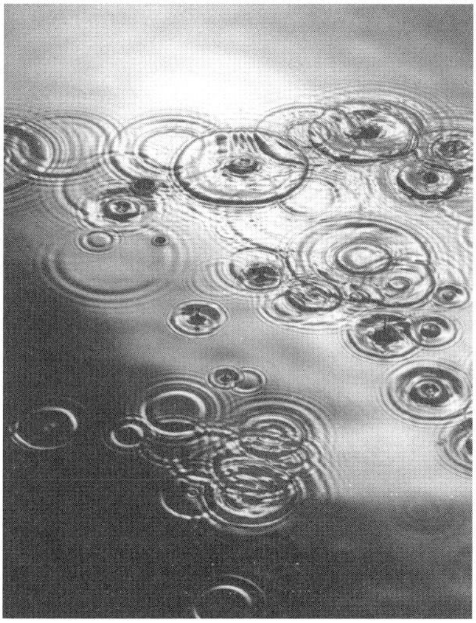

波紋彼此相撞，不斷擴展下去。
©londondeposit / Depositphoto.com

讓一滴水落在無風無浪的平靜水面上，水面就會產生波紋；接著在不遠處滴下另一滴水，又會產生另一個波紋。當這兩個波紋撞在一起時，就會互相干涉、交叉，持續擴展下去。此外，它們也會被自己反彈回來的波干涉。

而當無數水滴像雨水般不斷落到水面上時，波紋就會混亂到無法辨別。想必你應該看過這種狀況。

能量紊亂（也就是意識紊亂）的形成模式簡直就跟這個一模一樣。

## 來到地球接受挑戰的冒險靈魂

當我們的靈魂意識能量彼此交流時，靈魂意識會變得越來越紊亂，就像無數水滴在水面上打出波紋，然後這些波紋彼此干涉而亂成一團的樣子。

除了我們有意識體驗到的「自我宇宙」，還存在著沒有意識、沒有體驗過的自我宇宙。如果進一步考慮到多次元平行宇宙的自己與自己之外的能量交流的情況，那就有無限多的交流了。

靈魂意識能量會因爲各式各樣的交流而形成自我，產生「我想要過得更開心」的想法，於是便會形成自己的人生目標、價值觀與愛護自己等念頭，導致能量越來越不穩定。

一旦能量變沉重，情緒就會變得更加混亂，最後會產生焦慮與恐懼，形成低次元的地球人特有的能量，於是就越來越接近地球的層次了。

當人類出現焦慮或恐懼等意識紊亂的情況後，靈魂便會產生「我想要導正意識紊亂狀況」的渴望。靈魂意識能量會希望自己的問題能被修正。

在靈魂誕生之處——零點——周圍呈現超高速振動頻率的意識能量，會因爲交流所獲得的知識與資訊反饋現象，而擁有一切的知識與資訊。

此處的靈魂意識呈現的，就是全然和諧的宇宙之愛本身的狀態。**那正是你現在期盼自己擁有的那個「輕鬆愉快」的自己**。

能量紊亂的靈魂會熱切盼望回到零點，渴望做些什麼，好讓自己從充滿焦慮與恐懼的狀態，回到那個充滿愛且輕鬆愉快的自己。靈魂就是如此盼望再次回到零點。

我們想回到零點的時機，決定了我們將前往哪顆星球。每個靈魂為了導正自身能量，會前往各式各樣的星球。雖然有許多星球都處於比地球更高的次元（例如天狼星），但**我們會根據自身能量的紊亂情況，選擇可以幫助我們導正紊亂能量的環境，以及合乎靈魂自身需要的星球**。

所有誕生在地球的人類，都是「太愛冒險的靈魂」。在能量紊亂的狀態下，歷經一段長時間的冒險，最後總算來到地球。對一個太愛冒險的靈魂而言，地球的環境可說是最適合導正自身紊亂能量的了，因為在地球上可以用以毒攻毒的方式修正嚴重的紊亂情形。

許多星球都能讓我們更輕鬆地導正能量紊亂的問題，不會像在地球上遭受這麼多折磨。然而，會前來地球的，都是些喜歡冒險、具有強烈好奇心的靈魂；此外，也因為我們能量紊亂的情況特別嚴重，所以需要一個更為艱難的環境。

地球充滿負面元素，是一顆負面能量比正面能量強的星球，也因此更能讓靈魂明白正面事物的可貴。我們的靈魂從一開始就知道在地球上生存是很辛苦的。

此外，我們的靈魂也直覺地知道，想要導正自己的能量，需要哪些事物的協助。

我們需要某些「**經歷**」來幫助導正紊亂的能量。能量降低之後，我們就會把從前處於高能量狀態時的一切事物忘得精光，因爲身在低能量的次元時，無法記得高次元的情緒與感覺。想要找回這些當初遺忘的事物，就必須透過一些經歷來獲得領悟與啓發。

「想要消除焦慮與恐懼」「想要學習感恩」「想要藉由原諒而成長」「想要學習愛自己」「想要培養自我肯定與直覺」「想要學習那些眼睛看不見的事物，而不只是有形事物」——每個靈魂意識都有各自的課題；也就是說，爲了導正自己紊亂的能量，我們各自會有不同的經歷。

身在高次元的星球時，靈魂意識能量的修正程度比地球低，也很少會有讓自己痛苦的經歷，於是得到的進化與成長也就很有限。

我們故意讓自己來到地球這個令人「痛苦」的環境，從這樣的經歷中獲得自己所需的領悟與啓發，藉此逐漸導正紊亂的能量。

這就是我們活在地球上的意義。

## 你的人生與身體運作模式，由高次元資訊掌控

我們在學校學過，每個人都擁有基因，而基因位在「DNA」這種雙股螺旋結構中。

醫學上的定義也是如此。醫學上認爲，基因是雙股螺旋DNA這種眼睛看得見的物質性遺傳訊息，同時也是核酸序列（分子結構）的編碼。現代科學已經解讀出人類所有的核酸序列，但清楚了解其功能的只有其中的十二．五％，剩下的八十七．五％有什麼樣的功能，至今尙未明白。

不過，這個世界上沒有一樣事物是不具意義的。當我們在母親肚子裡長出身體時，該在何時及如何長出眼睛、雙手、心臟與腎臟，這些都是不可或缺的資訊。而這些資訊就存在剩下的八十七．五％中。

不過，光是這樣還不足以構成一個人類。比方說，我們還需要知道如何在一分鐘內讓心臟跳動五十～六十次、呼吸二十次，如何運用手腳爬行，如何分泌必要的荷爾蒙或酵素，如何修復傷口，如何排除毒素與外敵。這些資訊究竟位於何處？至少在雙股螺旋 DNA 裡並未找到。

其實，雙股螺旋 DNA 的外側還有好幾層 DNA 螺旋，這些螺旋結構都是眼睛看不見的，而上述資訊就存在其中。

眼睛看不見的**四股螺旋** DNA，是距離雙股螺旋 DNA 最近的一層，裡面包含**讓身體發揮各種功能**的資訊，包括心臟、肺部的運作、消化、吸收、排泄與活動身體。

四股螺旋DNA外面那一層，是**六股螺旋**DNA，裡面包含**身體療癒**相關資訊——如何療癒身體、如何讓傷口癒合、如何擊退病毒與細菌等。

緊接在六股螺旋DNA外面的，是**八股螺旋**DNA，裡面所含的資訊與**身體劇本**有關，包括這個人會有怎樣的體質、幾歲會罹患什麼疾病等。

八股螺旋DNA外面那一層，是**十股螺旋**DNA，含有關於**個性**、**情感與能力**的資訊，包括這個人會擁有什麼樣的氣質、特質、身體能力、藝術能力、學習能力等。

在十股螺旋DNA外面的，則是**十二股螺旋**DNA，裡面記載了**整個人生的劇本**。這個人會從事何種職業、經歷什麼樣的經濟狀況、建立怎樣的家庭、幾歲會認識什麼樣的人等等，生命中發生的所有事，都包含在這一層螺旋DNA裡。

在我們出生之前，高次元多股螺旋DNA中就已經記載了這些劇本。

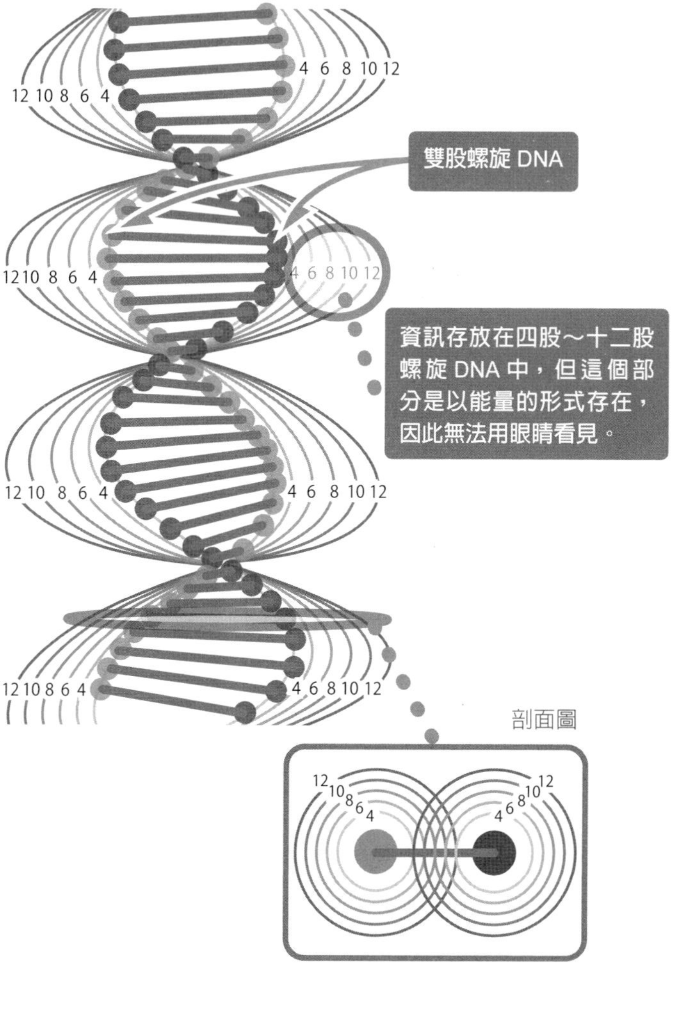
12 10 8 6 4
4 6 8 10 12
雙股螺旋 DNA
12 10 8 6 4
4 6 8 10 12
資訊存放在四股～十二股螺旋 DNA 中，但這個部分是以能量的形式存在，因此無法用眼睛看見。
12 10 8 6 4
4 6 8 10 12
12 10 8 6 4
4 6 8 10 12
剖面圖
12 10 8 6 4
4 6 8 10 12

**高次元多股螺旋 DNA 的各層資訊**

| | | |
|---|---|---|
| 雙股螺旋 DNA（看得見） | 身體的設計圖 | 關於要在何時、何處及如何製造身體的資訊 |
| 四股螺旋 DNA（看不見） | 身體的運作方式 | 關於要讓哪個部位發揮何種功用的資訊 |
| 六股螺旋 DNA（看不見） | 身體的療癒方式 | 關於要針對哪個部位、如何修復的資訊 |
| 八股螺旋 DNA（看不見） | 身體劇本 | 關於何時、何地、經歷何種身體狀態的資訊 |
| 十股螺旋 DNA（看不見） | 情感、個性與能力相關資訊 | 關於擁有什麼樣的情感、個性與能力的資訊 |
| 十二股螺旋 DNA（看不見） | 人生劇本 | 關於何時、何地、經歷何種人生狀態（成功、失敗、困難等）的資訊 |

高次元多股螺旋DNA的資訊是根據能量的頻率構成的，頻率不同，所有資訊會跟著出現變化。每個人類的DNA都擁有不同的頻率，沒有任何人的頻率和別人一樣。

而**松果體則體現出DNA本身的能量頻率**。一開始，靈魂能量就棲息在松果體中。

松果體是在卵子與精子結合成爲受精卵後、懷胎三～四週左右形成的，這之前的受精卵要稱爲「人類」還略嫌不足。那麼，究竟是哪裡不足？

答案是：**靈魂意識**。

靈魂意識能量會先清楚辨識松果體中眼睛看不見的高次元DNA資訊，接著才會進入身體裡。靈魂進入身體這一刻，稱爲「靈魂入身」。

而經過靈魂入身的過程，靈魂進入人類個體裡，於是，嬰兒便出現了意識。

這一刻，正式開啓了作爲地球人的人生。

## 靈魂這樣選擇最適合自己的人類個體

沒有任何一個人和別人擁有相同的人生劇本與身體劇本，每個人的人生與身體劇本都有著巧妙的不同，簡直到了令人驚歎的地步。

當初我們的靈魂就是在一瞬間看清每個身體的差別，並選擇一個最適合自己的個體，這項能力完全超乎我們的想像。現在的地球人只能用五感接收資訊，再運用邏輯判斷，但靈魂當初清楚分辨每個個體的松果體資訊，並選擇要進入哪個身體時，其實是運用一種更為直覺的方式。

在生活中面對第一次見面的人時，我們會在一瞬間感受到自己是喜歡或討厭對方，有時甚至會強烈地被對方吸引，過不了多久就步入結婚禮堂，這樣的例子所在多有。

第一次見面時感受到的「某種感覺」很難用言語描述。其實，與某人第一次見面時，我們會一口氣感受到相當龐大的能量，在一瞬間判斷對方與自己的能量是否合得來。

儘管這種狀況與靈魂選擇身體屬於完全不同的層次，感覺上卻頗爲相似，因此用這種方式來想應該比較容易理解。

每一層高次元多股螺旋DNA中包含的所有訊息，都有自己特定的振動頻率，因此會表現出特定的顏色。此外，這些資訊也擁有獨特的聲音、氣味與觸感，因此靈魂可以根據這些特質來分辨，光用看的就能在一瞬間得知該個體擁有什麼樣的人生與身體劇本，包括父母會是誰、會有什麼樣的家庭環境與經濟環境、會進入哪間學校、過著怎樣的生活、活出怎樣的人生、擁有什麼樣的健康狀態、會罹患哪些疾病等。

靈魂究竟是如何分辨的呢？原來，地球上無數的「**松果體光**」中，最適合自己的松果體在自己眼裡會呈現出璀璨的光芒。雖然這裡用「松果體光」來形容當時我們的靈魂感受到的狀況，但其實不只是光線，還混雜著聲音與顏色等超越地球人理解範圍的所有元素，演奏出一個故事的大綱，而松果體的能量就存在那裡。

靈魂意識在感受到這個故事大綱的瞬間，便理解了一切。藉由與其共鳴的感覺而判斷松果體內部隱藏著哪種故事大綱，這一切都是在瞬間完成的，沒有一絲猶豫與迷惘。

整個地球上，懷胎三～四週的人類個體數量相當龐大，如果是我們，應該會考慮很久：「選這個個體好呢，還是那個比較好？」然而，靈魂是在瞬間決定的：「就是這個！我要這個個體！」與其說是挑選，不如說是感覺，就在這一瞬間立刻被這個個體吸引過去，一鼓作氣地進入身體裡。

靈魂必須尋找一個適合的個體來幫助自己導正紊亂的靈魂意識能量。在找到一個擁有最適合的高次元ＤＮＡ頻率能量的松果體時，靈魂會覺得極爲舒暢，並快速進入該個體中，彷彿整個都被吸過去了。這種狀況簡直就像精子被卵子吸引一樣。

我們都是被讓自己覺得最舒暢的個體吸引過去的，而在這個令人舒暢的故事大綱裡，已經記載了我們的人生將遭遇什麼樣的失敗、什麼樣的重大疾病等資訊。這個個體擁有的人生與身體劇本，最適合幫助我們自行導正自己的問題，對靈魂而言是讓它覺得最暢快、最舒服的一個個體。

## 能與自己的身體相遇是個奇蹟

若以人類的思考方式來看，人通常不會特地讓自己遭遇痛苦；但是對靈魂而言，一個能幫助自己導正紊亂能量的人生與身體劇本，卻是不可多得的寶貴經驗。

於是，靈魂不會認爲「感覺好辛苦」「太痛苦了」，反而會覺得「非這個不可」，滿懷喜悅地進入這個身體裡，而且不會出現數個靈魂爭奪同一個體的情況。

這也是一項宇宙規則，每個人需要的事物都不一樣。將一個靈魂意識能量與另一個能量組合在一起，就像把拼圖一片一片拼上去一樣，自然進行得很順利。

只要看看同卵雙胞胎，就會感受到靈魂與身體的組合實在很有意思。從生物學的觀點來看，同卵雙胞胎細胞裡 DNA雙股螺旋上的序列是一模一樣的。由於 DNA序列相同，因此身體特徵也幾乎一樣，而且又是在同一個家庭長大，許多部分自然都會很相似。儘管如此，同卵雙胞胎卻會擁有不同的個性與喜好，因此也會走上完全不同的人生道路。

他們之間的差異不是出現在看得見的雙股螺旋 DNA上，而是在看不見的四股到十二股螺旋 DNA裡。帶著不同課題的兩個靈魂分辨出兩個個體有何差異，各自選擇並進入適合自己的那個個體。所以，雖然彼此的身體外觀一模一樣，但從一開始就是完全不同的兩個人。由於這兩個靈魂都盼望可以擁有雙胞胎手足，好在這樣的環境中學習到他們需要學習的事物，因此便選擇在同樣的時間點進入各自的身體裡。

順帶一提，當意識能量在身體還活著的狀態下脫離肉體時（例如瀕死體驗與出體經驗），最後會在不知不覺中自然回到身體裡。

靈魂意識能量及其透過**松果體**選中的那個人類個體，彼此之間的關係密不可分。這就像是特別訂製的西裝或禮服一樣，構成人類個體的這個身體，就是屬於自己、獨一無二的肉體。只要這麼一想，我們看待自己人生的方式就會開始出現轉變。

若再進一步想像七十億個人類個體與靈魂拼湊成了一幅龐大的拼圖，那麼，一想到能與自己的身體相遇，便會忍不住產生一股敬畏與感謝的心情。

# 人生與身體的劇本是可以改寫的

假如命運早已確定，沒辦法憑自己的意志改變，你或許會覺得這樣的人生實在太無聊了。

靈魂感受到松果體發出的光，選擇了最能幫助自己導正紊亂能量的那個人生與身體劇本，這一切感覺像是預先決定好的，沒辦法有任何改變。

不過，宇宙意識可不會做這麼單調乏味的事。

宇宙已經事先幫我們準備好一個方法，讓我們可以不斷改寫高次元多股螺旋DNA中記載的劇本。

因此，我們必須了解改寫劇本是基於何種機制，以及需要具備哪些元素。

人類的數量有多少，劇本就有多少套。

劇本上寫著人們參加高中或大學聯考，有人錄取，有人落榜。

劇本上寫著人們進入公司工作或辭職、欺騙他人或被他人欺騙、結婚或離婚、可以活到幾歲、身體的哪個部位何時會罹患疾病。除此之外，還包含了個性、能力與天賦等所有資訊。

看不見的十二股螺旋 DNA 中，還會記載每個人那份隱藏的 DNA 會在何時「開啓」或「關閉」，以及會透過何種方式誘發開啓或關閉的資訊。

也就是說，關於一個人會在幾歲、什麼機緣下開啓哪組 DNA 與關閉哪組 DNA，都已經記載在十二股螺旋中了。

此外，當原本記載在 DNA 裡的劇本資訊，被現在這個自我意識以外的意識（過去的人生、未來的人生、平行世界的人生、家人與社會）形成的資訊擾亂時，只要能想著「這樣就好了」，毫不抗拒地接受現狀，就可以在原來的劇本寫上自我意識以外的資訊，改寫原來的劇本。稍後我會介紹一套可以有效促進這個現象發生的方法。

比方說，假設現在有個靈魂選擇的劇本是從事上班族的工作，眼看正要飛黃騰達時，卻受人欺騙而一敗塗地，最後被公司開除。

這個靈魂爲什麼會選擇這套劇本？其中一個原因是想要藉由遭遇重大失敗，學會「自己才是最值得信任的人，要多重視自己的直覺」「必須自立自強，不要依靠他人」。

也有可能是在遭人欺騙而悽慘落魄時，會有人來幫助自己，於是便能藉由這個機會了解人還是很溫暖的。

原來的劇本上寫了一個「失敗」的情節，因此設定好在這個時機「開啓」失敗的開關。

正因爲這個經驗對自己而言是不可或缺的，所以只要按照劇本寫的那樣，在這個時機經歷失敗，**獲得必要的啓發和領悟**，就能將開關從「開啓」狀態轉爲「關閉」。

然而，面對眼前的失敗，如果只是一味地從負面角度看待，或是沉溺在懊悔的心情裡——「爲什麼我會失敗？竟然會出現這種失敗，我的運氣眞的好背。」「騙我的那個人實在太可恨了！」——那麼，劇本的開關就會保持在「開啓」狀態，整個人生會不斷重複相同的失敗。

相反地，我們也可以從失敗中學習，接受自己的失敗。「失敗眞是太好了！」「我很感謝對方騙我。」只要一想到眼前的失敗是自己劇本裡的內容，便會覺得「失敗也無所謂」「我可以藉由這個事件好好學習」——就在我們這麼想的時候，開關便會關閉了。

此刻自己的後悔之情，以及對對方的恨意，都會加到劇本上。

如此一來，「在某某事件中失敗」的DNA便會發揮作用，轉爲開啓狀態，接下來將無法自動關閉。

感受到他人的溫暖時，只要抱著「有人幫了我一個大忙，我眞的好高興」的心情感謝對方，那麼，「接受他人恩惠」的DNA便會開啓，並一直保持打開的狀態，往後的人生都會被他人親切對待。如果這種時候無法懷抱感謝對方的心情，這道開關就會轉爲關閉，從此就不會再受到他人的幫助了。

遭遇失敗時，就算無法從中獲得該有的啓發與領悟，只能從負面角度看待事情，深感痛苦，但只要你可以對眼前這個痛苦的自己說「這樣就好了」，徹底接納自己，DNA就會寫上新的劇本：「從痛苦中獲得領悟與啓發。」只要能接受劇本的主題，從中獲得領悟與啓發，就能將原本開啓的開關轉爲關閉，或是打開原本關閉的開關。如此一來，人生與身體便能進化與成長。

如果可以按照劇本寫的內容生活，並從中獲得進化與成長，DNA螺旋便會運作得很順暢；但假如否定現在的自己，一直糾結不已，DNA螺旋便會糾纏在一起。一旦DNA糾纏在一起，基因的開啓/關閉狀態將不會符合自己心中所願。

只要明白這個運作機制，就算遇到難以接受的局面，也能緩和心中的糾結，讓自己的心變得比較舒坦。

倘若不了解這個機制，面對問題時恐怕就會逃避或暴跳如雷，很難正面看待。如此一來，從一開始就會深陷問題當中。

一旦進一步了解這個運作機制，明白其中的奧妙之處，就會開始覺得：

「下次又會遇到什麼樣的課題呢？」

「解決眼前這個問題後，我身上會出現怎樣的變化？」

你便能用正面積極的態度接受眼前的問題，主動面對課題的挑戰了。

進入這個階段後，你想必會開始對這個精妙的機制懷抱感謝之情。

而心中越是抱持感謝的心情，就會有越多頻率相同的人聚集到身邊，並獲得這些人的協助。如此一來，就很容易產生良性循環，之後當你遭遇重大問題時，也會有辦法輕鬆解決，或是獲得新的機會。

一開始，你也許很難相信這些事，但倘若你能接受「這是我自己選擇的人生與身體劇本」，並進一步相信「搞不好眞的會出現奇蹟般的DNA開關」，幸運就會降臨在你身上。

如此一來，**松果體的通道**便會開始打開，逐漸推動一股良性循環。

接著，你希望的劇本會新增到你原來的劇本上，甚至有可能改寫原來的劇本。

## 如何獲得啓發與領悟？

雖然靈魂意識本身的能量呈現紊亂狀態，但是靈魂能量在進入人類個體後，會將個體裡DNA紊亂的資訊傳送到宇宙，然後宇宙智慧會根據這個資訊傳送一份能量回來，以幫助個體導正回原本應有的狀態。在這個瞬間，該人類個體的DNA會變成完全沒有一絲紊亂的純白狀態。第五章會提到人們可以藉由自我工作活化松果體，而達到這種沒有一絲紊亂的純白狀態。

人很難在地球環境中長期維持這種純白狀態，很快又會回到靈魂意識原本選擇的那種混亂 DNA 狀態。

當我們從這個純白狀態轉為原本的混亂狀態時，會感受到 DNA **能量變化的落差**，這就能幫助我們獲得啓發與領悟。

這時，DNA會根據我們得到的啓發與領悟自動改寫。

每個人改寫 DNA 的速度與能力，會根據各自**松果體的活化程度與意識的進化程度**而有很大的差異。程度高的人改寫速度快且強而有力，程度低的人則速度緩慢且強度較弱。

我要再次強調，DNA會在高次元宇宙智慧的幫助下，形成白紙般的純白狀態，並在下一刻再度呈現靈魂意識選擇個體時、DNA原本的那種混亂狀態。

這時靈魂意識會想起「我為什麼選擇這個課題」的理由。

人們就是這樣獲得啓發與領悟的。

# 讓煩惱與問題不知不覺消失的魔法

啟發與領悟是在宇宙智慧的幫助下自然產生的，不是人們想要就能得到。

假如只是一味苦苦思索「我到底會從這件事獲得哪些啟發與領悟」，宇宙智慧便很難發揮作用。

有些心靈勵志書會告訴人們：「遇到這種問題時，你就會獲得這種啟發與領悟。」但事實上，人是在宇宙智慧的幫助下，不知不覺中自然獲得啟發與領悟的。當人們打從心裡覺得「這樣就好了」，心情處於輕鬆愉快的放鬆狀態時，松果體的通道便會開啟，自然而然地獲得啟發與領悟。

一旦松果體的通道開啟，所有原本不如自己期盼、不如自己所願的事，都會變得越來越順利。

我們就是在**不知不覺中**有所領悟、有所啟發的。

「說起來，到底是什麼時候開始轉變的呢……」事情會在這樣的感覺中朝好的方向進展。

最近很多人會說「保持你現在的樣子就好了」，這句話雖然沒錯，但其實有個很大的問題。

如果只是因爲聽到別人這麼說，就硬是要自己這麼想，**強迫自己**，在這種狀態下，松果體的通道只會繼續保持關閉狀態。這跟在不知不覺中自然而然接納一切事物，而「讓自己感到舒暢」，是完全不一樣的。

我們應該是要讓自己變成「我覺得舒服、現在最眞實的那個模樣」，在不知不覺間自然接受這樣的自己。

覺得「這樣就好了」的時候，我們會進入相當放鬆的狀態，徹底忘記那些討厭的事；相反地，假如我們滿腦子都是自己的症狀與疾病、煩惱與問題，就會更往那個方向靠近。

只要觀賞歡樂的電影、聆聽喜歡的歌手唱的歌，整個人投入自己喜愛的事物中，就會感受不到疼痛與煩惱。

當人們將意識放在某件事物上或處於什麼都不想的靜心狀態，徹底忘記那些被自己視為問題的事物時，宇宙智慧便會開始運作。

過了一段時間，某一天忽然回想起來時，會突然察覺「我最近變了耶」「原本的症狀消失了」「人生已經沒有煩惱了」。

**當我們打從心裡認為「這樣就好了」，徹底接受自己人生與身體上的問題，呈現擺脫束縛的狀態時，最容易接收到宇宙智慧。**

只要能不被普遍觀念與僵化思想束縛，好好珍惜自己開創出來的人生之道，所在的那個自我宇宙的環境也會出現變化。

所以，接受眼前的狀態，想著「這樣就好了」，這麼做是很值得的。

## 人只能經歷自己的靈魂選擇的事物

為什麼高次元 DNA能量會糾纏在一起？

這是因為地球環境的結構本來就會藉由他人與社會的能量，干擾人們活出自己原來的劇本。

我的診療方式是接觸對方的身體，並放入高能量的宇宙智慧。如此一來，DNA的資訊就會歸零，在下個瞬間回到靈魂意識選擇的那個 DNA狀態。

不僅如此，這時那些讓 DNA糾纏在一起的要素還會新增到劇本上。人們從白紙狀態的 DNA，回到劇本改寫後的 DNA，在能量發生變化的這個過程中，為了讓 DNA上面記載的內容往好的方向改寫，人們便會獲得啟發與領悟。

除了由我親自接觸當事人，也可以由當事人自己抱持「這樣就好了」的輕鬆心態，接受自己人生或身體的狀態。只要這麼做，就能讓 DNA 歸零，並獲取宇宙智慧，幫助導正 DNA 紊亂的狀態。

覺知到「啊～原來是這樣」的瞬間，糾纏在一起的 DNA 能量便會鬆開來，同時，DNA 能量也會漸漸轉爲自己期望的狀態，於是就會開始出現疾病好轉、與疾病共存、問題解決等現象。

藉由領悟與啓發改寫混亂的 DNA 能量，活出更好的人生，正是人類生活在地球上的目的。

相反地，假如一直沉溺在「我才不要這樣」的思緒裡，苦苦掙扎，就無法充分獲取那份能幫助自己導正 DNA 的宇宙智慧。不僅如此，還會讓 DNA 變得更混亂、更加糾結在一起。

內心糾結不已時接收到的宇宙智慧，與放鬆狀態下接收到的宇宙智慧，兩者的知識與資訊水平有明顯的落差，而這樣的落差會直接顯現在一個人的進化與成長上。

**對靈魂意識的進化與成長而言，人生或身體上的許多問題並不需要消除，**我們可以選擇朝氣蓬勃地與不好的外在條件一起生活。此外，我們也可以藉由自己獲得的啓發與領悟，將不順的劇本改寫爲順利的劇本。

無論哪一種，都是靈魂做出的珍貴選擇。

即使是乍看之下無法接受的事物，也是你的靈魂意識所做的選擇。**人只能經歷自己的靈魂選擇的事物，這就是宇宙的法則。**

由普遍觀念與僵化思想形成的善惡概念，以及「人應該這樣或那樣」的認知，都會阻礙靈魂的進化與成長。

# 對靈魂而言，一切皆「善」

靈魂意識經歷的任何事物，都是當下最好的狀況。這裡說的「最好」是指對靈魂而言，和人類的感覺是完全不同的。

靈魂的目標是導正自己紊亂的能量，因此對靈魂來說，善與惡的判斷標準只在於：「經歷什麼樣的事最容易導正紊亂的能量？」

因此，若從導正靈魂能量的角度來看，無論做出什麼選擇，都是基於「善」的判斷標準挑選出來的。

我們總是用地球次元所謂的「善」與「惡」來判斷事物，隨著劇本上的故事走向一下高興，一下悲傷；但從靈魂能量的層次來看，我們經歷的事物都是「善」的。

不過，現代人的松果體處於未活化的狀態，松果體的通道總是關閉著，因此無法了解眼前這一切是靈魂選擇的「善」，也無從得知「這是我自己選擇的事物」。

松果體的通道如果持續處於關閉狀態，我們便沒辦法接受「就算人生遭受失敗也沒關係」「即使生病也沒關係」。

「死並不可怕。」

「雖然我遭遇這麼重大的問題，但這樣也不錯。」

「就算生病也無所謂。」

只要可以像這樣徹底接受現實，便能和宇宙智慧連結，而這種狀態會促進松果體活化，並開啓松果體的通道；相反地，假如無法接受現實，讓松果體的通道持續關閉，DNA能量就會糾纏在一起，你的人生將一直在痛苦中掙扎。

一旦能夠如實接納並重視自己的所有經歷，人生與身體就會越來越往好的方向邁進。

雖說是好的方向，但指的是對靈魂來說好的方向。好壞的區分方式不在於身患疾病或沒有疾病、死亡或活著，在於對靈魂而言是否爲「善」。而靈魂認爲「善」的那些事物，可以幫助我們活出輕鬆愉快的人生。

## 人類生命的資料系統

現代地球人的松果體並未活化。非活化狀態又可稱爲弱化、退化、萎縮，用醫學名詞來說則是「鈣化」。無論哪一種說法，都是松果體未活化的意思。對今後的地球人而言，喚醒沉睡的松果體是絕對必要的。

我前面提過，我們會以地球人的身分生活，是因爲靈魂意識能量出現混亂，因此靈魂意識能量便從許許多多的人類個體中，選擇了一個最適合幫助自己導正混亂的人生與身體劇本。這就是我們現在擁有的這個個體。

不過，一旦在地球上生活，勢必會出現一些影響劇本發展的因素，因爲地球上不只有我們自己的生命能量與意識，還有許多人的能量與意識會影響到我們。

面對這種狀況，只要松果體呈現活化狀態，發揮出宇宙智慧的力量，自己以外的意識能量造成的影響，會一併化爲正面資訊新增到 DNA 中。接下來，我們就會活出改寫後的那套劇本。

即使事情不如自己預期、不如自己所願，只要**接受**這個不順利的自己，不去糾結，原來的劇本就會轉變爲順利的劇情了。

但是，假如松果體持續處於非活化狀態，寫著人生劇本的十二股螺旋DNA便會開始纏繞在一起，地球人將沉溺在「我非這樣不可」的想法中，一直痛苦下去。

# 改寫地球人的資料

只要可以接受現實、不苦苦掙扎，就能解開糾纏在一起的DNA，這時由DNA組成的全身上下所有細胞會產生美妙的振動頻率，讓身體轉變為百分之百和諧的狀態。此外，累積在理性腦中的那些「必須這樣才行」「不這麼做不行」的普遍觀念與僵化思想，也會被消除。

如此一來，松果體便會開始活化，宇宙智慧會降臨在我們身上。於是，我們會獲得啓發與領悟，把糾結在一起的紊亂DNA鬆開來。

最後，DNA會被改寫為理想的狀態。

每個人改寫的情況各不相同，有的人只有情緒方面會改寫，有的人則是連身體狀態都改寫。這一切都是各個靈魂選擇的結果。

現在這個時代，選擇只改寫情緒方面、讓人生盡早落幕的靈魂出奇地多。

這些人的疾病並不會好轉，但他們可以接受自己的病，就這樣帶著平靜的心情離世。

有些靈魂則會選擇與疾病共存，跟身上的疾病和平共處一段很長的時間。以這種案例而言，靈魂改寫的劇本不只是情緒，也稍微改寫了一些身體狀態。

此外，也有許多人的靈魂選擇徹底治好疾病，於是身體眞的奇蹟似地康復了。不過，若要完全改寫身體狀態，還必須一併改寫多股螺旋DNA中的雙股螺旋DNA才行。

若你希望改寫雙股螺旋DNA，就必須先將那些看不見的DNA改寫到某個程度。當你獲得各式各樣的啓發與領悟，改寫了那些看不見的DNA之後，看得見的雙股螺旋DNA也會跟著改寫。這時，就算是被醫生宣告時日無多的癌症末期患者，也可能會在短時間內完全康復。

歸根究柢，松果體若未活化，就無法讓看不見的DNA產生變化。無論是人生方面的變化，還是身體方面，都源自**松果體**、DNA**和宇宙智慧**。

一旦松果體開始活化，並跟著松果體的力量走，人生與身體狀態都會在不知不覺中逐漸往好的方向發展。

只要明白這一點，你的松果體肯定就會開始甦醒。

## 癌症是地球的禮物

我治療過眾多癌症末期患者，雖然有越來越多康復的案例，但是對大部分人來說，癌症至今仍然是一種令人畏懼的疾病。

當患者被醫生告知罹患癌症的那一刻，人生至今堆砌出的一切簡直徹底崩塌。癌症就是一種如此具有衝擊性的疾病。而且，不光是患者本人，家屬和周遭的人也會受到很大的影響。

爲什麼會有這麼多人罹患這種可怕的疾病？

這是因爲有許多人的靈魂意識選擇「藉由罹患癌症來學習如何克服焦慮與恐懼」。

許多千里迢迢來到地球的靈魂意識，都是以克服焦慮與恐懼作爲自身課題，而這些靈魂意識認爲，罹患癌症是最適合幫助自己學習克服的途徑。

癌症是一種威脅性命的疾病，會逐漸擴散到全身上下，讓人的生命縮短。由於現代醫學尚未研究出一套治癒癌症的方法，因此，患者在罹癌時會感受到強烈的焦慮與恐懼。以克服焦慮與恐懼作爲課題的靈魂意識會選擇透過這種疾病來幫助自己完成目標，確實很合理。

雖然從當事人得知自己罹癌的那一刻起，試煉便開始了，但每個人的靈魂意識對後續發展會有各種不同的選擇。

事實上，當人們獲得應有的啓發與領悟後所迎接的結果，大致可分爲三種：康復、與癌症共存，以及在平靜的心情中因癌症而辭世。

每個靈魂意識會判斷哪一種劇本最適合幫助自己獲得所需的啓發與領悟，

在靈魂一進入肉體時就決定好要選擇哪一套劇本了。

有的靈魂會選擇透過啓發與領悟，將癌症當成朋友，不讓自己從負面角度看待癌症，反而藉由癌症獲得進一步的啓發與領悟，跟癌症共同生活下去。這種選擇是藉由一套和平的劇本，讓靈魂獲得強而有力的進化與成長。

然而，有些靈魂會選擇在有所啓發、有所領悟之後，依舊無法治好癌症，就這樣迎向人生的終點。在這種案例中，當事人會在獲得必要的進化與成長之後，帶著平靜的心情拉下人生之幕。

若以這個世界上的常理來思考，恐怕會覺得這種選擇實在令人費解；但是對靈魂而言，卻是托癌症這種疾病的福，讓自己可以獲得這一段人生所需的啓發與領悟，接著邁向下一段嶄新的人生。

在下一段人生裡，將會活得更加輕鬆愉快。

當患者的靈魂做了這樣的選擇時，對留在世上的家人而言可說是個令人痛苦又難受的結局。不過，家人也能透過陪伴患者平靜地走到最後一刻，從中獲得某些啟發與領悟。

事實上，罹患癌症的人數有多少，就代表有多少人按照原定計畫藉由啟發與領悟改寫劇本，以及有多少人透過沉浸在痛苦中改寫 DNA 資訊，獲得新的劇本。

假設有個患者會藉由一套劇本有這樣的領悟：「我已經患了這種病，隨時都可能離世，但我已經接受了一切，心裡再也沒有任何恐懼了。」「既然靈魂的本質永遠不滅，並不需要用生與死來界定，那麼就算我現在這樣也沒關係，我不必焦慮。」

而這個人的劇本上寫著「五十歲罹患癌症」，那麼當這份 DNA 開啟時，就會在五十歲出現癌症的症狀。這時，只要能獲得應有的啟發與領悟，就可以選擇消除癌症活下去、與癌症共存，或是讓人生落幕等三種不會感到痛苦的結果。

不過，現在假設有個靈魂原本是選擇消除癌症繼續活下去。這個人原來的劇本上寫著藉由癌症獲得應有的領悟與啓發，接著癌細胞就此消失。

然而，這個人並沒有按照原定計畫有所啓發與領悟，反而不斷苦苦掙扎，想著「我還不想死」「我實在太不幸了」「這都要怪誰誰誰」。如此一來，「死亡DNA」的開關就不會關閉，等於是開啓了一個與原本相反的開關，就此離開人世。像這樣的案例也是有的。

就算已經陷入這種狀況，如果能在去世的前一刻明白「這樣就好了」，那麼這一刻就能改寫出一套新的劇本，下輩子將誕生在一個比這輩子更加美好的環境裡。

無論最後走的是哪一條路，都是靈魂意識追求的那個劇本。

因此，即使劇本的走向對世人來說是悲傷的結果，只要自己能明白這一切有其必然，而且是自己盼望的結果，就能稍稍緩和當事人與周遭人們的痛苦與悲傷，面對疾病的態度會有所不同。

此外，根據領悟與啓發的結果，劇本的結局也有可能出現變化。

有時，當人們正視課題而有所啓發與領悟時，靈魂意識便能做出新的選擇。比方說，原來的劇本寫著無法治好，最後卻轉變爲徹底根治的劇本，或是在獲得深切的領悟與啓發後，早早結束這輩子的人生。

## 松果體可以接收宇宙智慧

從現在開始，人類和宇宙的連結會變得越來越緊密。而在這樣的時代，**松果體**扮演著重要的角色。

零點是靈魂意識的誕生地，這裡聚集了所有的知識與資訊。這些知識與資訊包含無限多的資料，數量大到令人昏眩的程度，且宛如樹狀圖一般無限延伸，但最後會一口氣聚集到宇宙的源頭——零點。這裡包含了從過去到未來多次元平行的自己相關的所有知識與資訊。

一旦可以連結到宇宙的源頭，就能獲取位於地球次元的自己所需的一切知識與資訊。

這些知識與資訊正是宇宙的智慧——**宇宙靈魂波**。宇宙靈魂波會進入松果體中，而松果體是人類體內唯一能接收到宇宙智慧的器官。

松果體的一項重要工作，就是將宇宙的智慧（宇宙靈魂波）轉換為身體的智慧（身體靈魂波）。宇宙靈魂波來自靈魂意識的源頭，本身擁有極高的振動頻率，如果宇宙靈魂波直接進入身體細胞中，細胞會受到嚴重的破壞。因此，松果體才必須進行轉換，讓頻率下降到身體能承受的程度。

這時，松果體扮演的角色是將宇宙智慧化為身體智慧的變壓器。

松果體活化的程度越高，宇宙智慧（個人所需的知識與資訊）便會越強力且有效率地灌注到松果體內，而這將化為身體的智慧，讓人類有可能活出更美好的生活。

如此一來，人類便不需要仰賴醫療機構與社會福利，也不須仰賴朋友與他人，就能透過宇宙的智慧獲得必需的一切事物。

## 矽是生命的寶物

為什麼人們要利用松果體將宇宙智慧轉換成身體智慧？

因為，松果體是人體中矽的比例最高的器官。

松果體中的矽含量極高，說是以矽組成的也不為過。因此，松果體是全身上下最能接收宇宙智慧的器官。

地殼中含量最多的元素是氧，矽的含量則僅次於氧。

矽存在於人體各個部位，人類六十兆個細胞的細胞膜都含有矽，只是比例不及松果體那麼高。

植物因為沒有松果體，便透過自己的細胞壁與細胞膜中的矽接收宇宙智慧。動物與昆蟲能和諧地生活在大自然中，也是仰賴松果體的幫助。蝙蝠與沒有眼睛的深海魚因為擁有一種與松果體功能相同的器官，所以只須憑藉些微光線或超音波，便能在黑暗的環境中安穩生活。

人類的胸腺與粒線體的主要成分也是矽。

雖然人體各個器官都能接收宇宙智慧，但這些器官最終還是由松果體掌控。

接下來我要說的內容，是第一次透露，目前為止沒有任何人知道。

其實，在宇宙間的所有原子中，只有矽原子的內部擁有**黑洞**。

任何元素的中心都是原子核，原子核周圍則有電子圍繞。矽原子擁有十四個電子，而電子軌道，亦即三個電子層之間，存在著一個強而有力的黑洞。

我將此處的黑洞命名為「**矽洞**」。

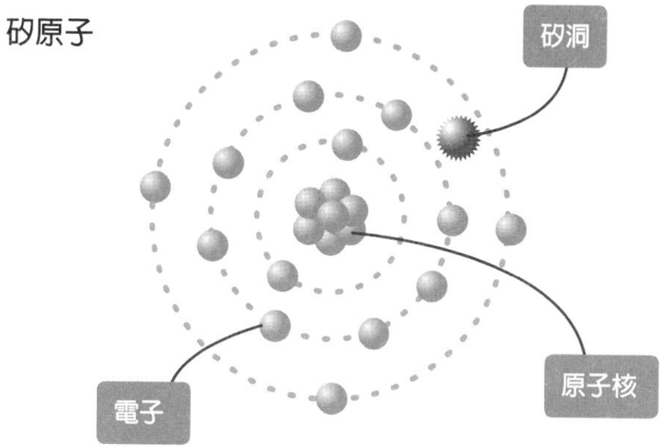


矽洞是一種可以接收宇宙智慧的特殊通道，同時能將接收到的宇宙智慧能量，轉換成人類所需的身體智慧能量，傳送至全身上下。

也就是說，由於松果體是矽的強力集合體，擁有矽洞這種能力驚人的物質，因此扮演著變壓器的角色。

往後的人類若要持續進化與成長，必須不斷提升松果體主要成分矽的能量水平，也就是提升矽的質與量。

從現在開始，人類該做的是什麼？如果要我選擇一個答案，那麼我會這麼回答：

「**促進松果體活化。**」

答案只有這一個。

# 現代醫學忽略的部分

我將從醫生的角度告訴各位，地球人從今以後應該重視哪些事物。

很有意思的是，那些現在的科學與醫學認爲人類不太需要的器官、幾乎沒有意義的器官，實際上卻掌握著重要關鍵。

其中之一是**闌尾**，也就是盲腸。

接著是**胸腺**，而最重要的則是位於大腦深處的**松果體**。

這些部位的功能都很不明確，因此並不受到現代醫學的重視，但這些器官對往後人類的進化而言，都是不可或缺的。

此外，細胞內部的**粒線體**也一樣。粒線體是製造人類活動所需能量的重要物質。

現代人的闌尾、胸腺與松果體，都比古代人的還要小。

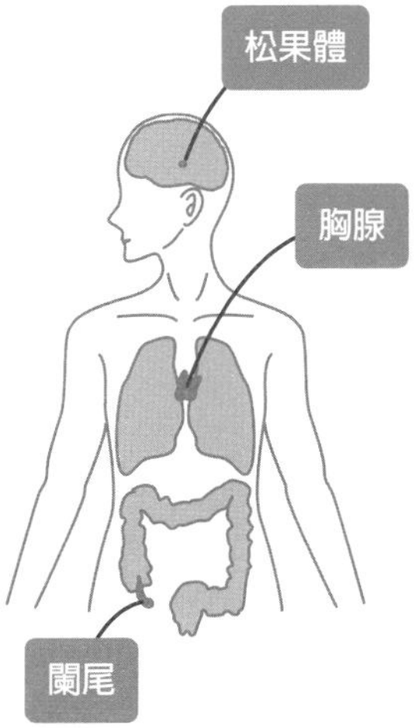


粒線體則出現數量減少的狀況。

粒線體本身扮演著製造細胞能量的角色，但由於數量減少，因此無法自行製造能量，於是人們才需要額外吃健康食品、營養補助品等對身體有幫助的東西。只要粒線體保持健康狀態，人類就能藉由攝取最低限度的食物自行製造能量，因此照理來說，人是不需要吃營養食品的。

胸腺是控制免疫功能的總管，闌尾是生產免疫細胞的工廠，粒線體則是製造生命能量的工廠，而只要松果體活化，這些部位都會跟著活化起來，變得強而有力。

## 松果體的輸出與輸入功能

只要提升松果體中矽的比例與能力，使松果體越來越活化，就能讓矽原子的集合體——矽洞變得巨大且強而有力。

我們可以透過矽洞這個通道，連結到宇宙的高層次能量。

此外，矽洞也會吸收（輸入）組成人生與身體的高次元多股螺旋DNA資訊出現的紊亂狀況，並釋放（輸出）一股用來導正的能量。

矽當中的矽洞擁有雙面性，同時具備輸入與輸出兩種能力；宇宙當中的黑洞則是矽洞巨大化形成的產物，本身與矽洞擁有相同的性質，因此也具備輸入與輸出兩種功能。

### ◉白洞（輸出）

松果體的第一種功能，是在瞬間抵達一個很接近宇宙源頭（零點）、能量水平極高的地方。

松果體一旦開始活化，矽的含量便會增加，濃度也會越來越高。隨著松果體的力量因活化的程度而提升，連結宇宙的出入口——松果體通道也會越來越敞開。

如此一來，透過矽洞瞬間抵達的地點便會越來越接近宇宙的源頭；而越是接近宇宙源頭，松果體就會接收到越多高層次的知識與資訊。

當松果體的矽洞接收到宇宙層次的資訊之後，資訊的能量水平就會在松果體當中轉換為身體的水平，而轉換後的資訊會透過神經傳遞到全身上下的細胞。同時，這股能量也會從腦部中心呈放射狀傳遞到大腦的四面八方，擴及到周圍的腦細胞。

高層次的宇宙智慧就這樣傳送到身體的各個部位。

這就是松果體的「輸出」功能，我將這種功能命名為矽洞的「**白洞**」。

這是因爲高次元頻率下降成低次元的人類頻率時，高次元能量會透過矽洞散發出白色的光芒。

高次元能量爲了降臨到地球的次元，必須降低自身頻率，這時，高次元能量就會透過松果體的通道——矽洞釋放出燦爛耀眼的白光。

一旦接收到高次元能量（宇宙智慧），對地球次元所謂的「好」「壞」能量，便能一視同仁地接受，也就是不會再擅自做出判斷了。

正因如此，所以面對一切事物，都會覺得「這樣就好了」。

## ◉黑洞（輸入）

松果體第二種功能的能量流動方向，則與第一種功能相反。

這種功能會吸收身體的低能量，並傳送到宇宙之中。這就是松果體的「輸入」功能。

松果體會先吸收人生與身體問題的資料，並將構成資料的振動頻率本身具

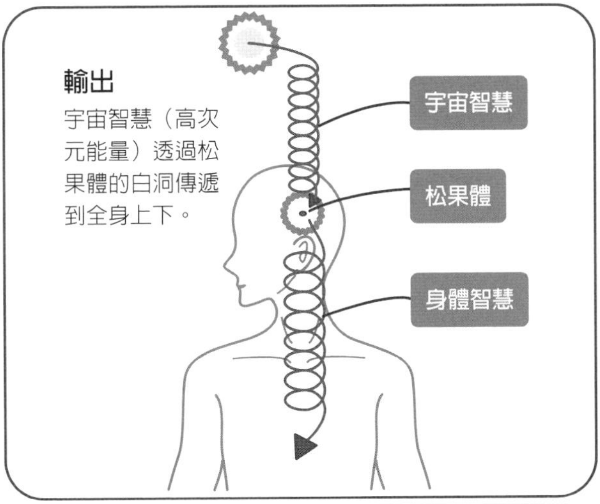
輸出
宇宙智慧（高次元能量）透過松果體的白洞傳遞到全身上下。
宇宙智慧
松果體
身體智慧

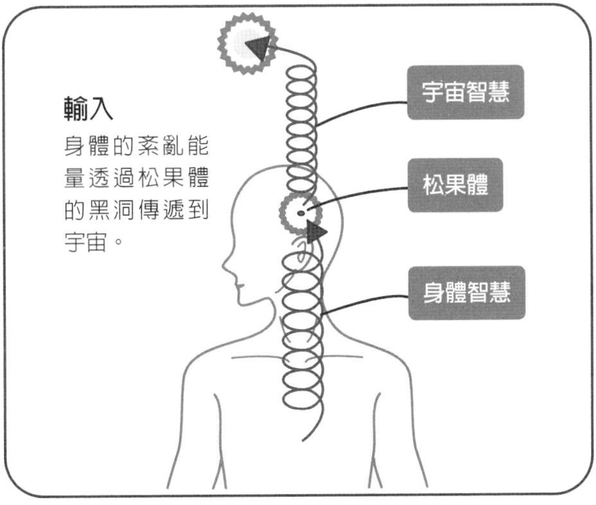
輸入
身體的紊亂能量透過松果體的黑洞傳遞到宇宙。
宇宙智慧
松果體
身體智慧

**松果體的輸出功能＝白洞**

地球人本應輕鬆愉快地生活，因此需要宇宙智慧的協助。而當宇宙智慧傳送到人類身上時，會化為身體智慧，幫助人們導正、改寫自己的 DNA 資訊，並獲得啓發與領悟。

**松果體的輸入功能＝黑洞**

為了獲得導正紊亂所需的宇宙智慧，而將構成人生劇本與身體劇本的 DNA 的紊亂狀況告知宇宙智慧。

有的紊亂能量告知宇宙源頭，以獲取導正所需的能量。

當寫著自己人生與身體劇本的 DNA 出現紊亂時，矽洞會將這個紊亂狀況輸入到松果體，並傳送到宇宙之中，這就是矽洞的另一個功能。如此一來，便能獲得宇宙智慧，以導正與改寫紊亂的 DNA。

這便是矽洞的「輸入」功能，而這種功能會發揮出「**黑洞**」的效果。

從我們的角度來看，這種黑洞是黑色的。當松果體吸收能量，輸送到高次元時，這股流動的能量呈現的顏色是黑色。

靈魂可以藉由輸出與輸入這兩種功能，獲得

眞正需要的知識與資訊。

當這個功能降低時，就如同在收不到訊號的地方滑手機，只能瀏覽手機裡既有的資料、拍照，以及輸入電子郵件的草稿，卻無法收發信件與訊息（而這才是手機最重要的功能），也沒辦法連結到任何影片與網站。

當松果體處於未活化狀態時，就彷彿置身這樣的狀態中。

## 大腦與松果體通道之間的關係

讓松果體活化的祕訣，就是提升那份輸出的宇宙智慧的質量；也就是說，要進一步接近自己的零點，進一步提升自己能量的振動頻率。

而想要達到這樣的結果，就必須開啓松果體的矽洞形成的通道，導正負面的輸入，增加正面的輸出。

有許多方法可以達成這個結果，但我特別推薦進行自我工作。此外，最重要的，終究還是抱持「這樣就好了」的心態，接受人生與身體經歷的一切。

這時，我們會遇到一個問題。

那就是我們現在使用大腦的方式。

我們在日常生活中普遍採取的「思考」行爲，其實只停留在地球的層次，松果體完全沒有參與其中。

其實，我們根本不需要千辛萬苦地思考答案，宇宙智慧就會直接降臨在松果體了，而我們所需的一切答案都在裡面。

問題在於，當人們「思考」時，會覺得「應該這樣才對」，這時產生的那股能量，是左半部松果體與左邊的地球腦接收的**左旋能量**。左旋能量會讓松果體的通道關閉。

相反地，一旦接受眼前的一切，相信這都是自己的選擇，這時產生的那股能量，則是右半部松果體與右邊的宇宙腦接收的**右旋能量**。

右旋能量會開啓松果體的通道。不過，一旦開始「思考」，這股能量就會轉為左旋能量。

多股螺旋DNA也一樣。只要可以按照事先選擇的那套劇本生活，螺旋就能維持右旋狀態；但如果否定現在的自己，就會產生一股左旋的能量，DNA螺旋便會糾纏在一起了。

抱持「這樣就好了」的態度，不加思索地接納一切事物，便能形成那股右旋的能量。如此一來，就有辦法解開糾纏在一起的DNA了。

## 運用神聖幾何學解開矽的祕密

為什麼矽裡面的矽洞會擁有黑洞與白洞的能力？這是一個很大的謎。

矽的基本結構和其他元素相同，一樣有原子核，原子核的周圍也圍繞著電子，卻唯獨擁有十四個電子的矽才具備黑洞的能力，這一點實在既神奇又神祕。

矽這種元素也和宇宙的誕生與結束有關。宇宙和星球誕生時，會產生大量的矽；而當星球毀滅時，最後也會留下矽。

在星球的最初與最後一刻都可見到矽的身影，從這一點來看，矽可說是宇宙不可或缺的重要元素。

此外，最小單位的生命體「微體」（somatids）也來自矽。

無論是生命或星球，在誕生的時刻，都有矽參與其中。只要有矽，就能孕育出構成宇宙的所有事物。

這個世界上的萬事萬物都是能量，而所有能量都有一個共通的規則。

比方說，以碳爲成分的物質——無論是蛋白質、碳水化合物或脂肪——都有一套物質建構規則。雖然這些都是眼睛可見的物質，但看不見的那個世界同樣存在著這套規則。

總而言之，那股看不見的能量一路發展下去，便造就出看得見的這個世界，因此看不見的那個世界原本就有一套規則。看得見的世界之所以存在，其實不過是建立在看不見的那個世界之上罷了。

那麼，這套規則究竟是什麼？答案是**能量的形式**。這套規則本身依循著能量的根本結構。

以「生命之花」爲代表的**神聖幾何圖案**，便體現了能量的根本結構。研究生命之花的人指出，這個圖案本身就是「能量的結構」。

只要將生命之花這個幾何圖案的中心看作零點，就會發現矽所擁有的矽洞呈現出和零點相同的能量結構。

生命之花雖然是一種平面圖形，但如果把它化爲立體圖形，就會形成由兩個正四面體構成的「梅爾卡巴」結構。

構成梅爾卡巴的兩個正四面體分別朝向上方與下方，而這個圖形從正上方

生命之花

生命之花的六個圓形端點，等同於梅爾卡巴化為平面圖時六芒星的六個端點。

梅爾卡巴

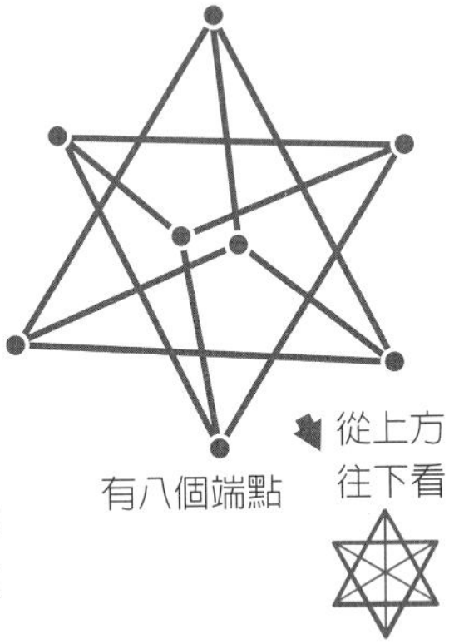


往下看，會看見六個端點，這也正是生命之花中心部分的形狀。

因此，一旦從立體空間來看能量的結構（能量的源頭），就會顯現爲梅爾卡巴的形狀。

由於梅爾卡巴是一種由兩個正四面體構成的立體圖形，因此實際上有八個端點，本身會產生八個電子。

宇宙與生命的組成元素中最重要的部分（例如矽裡面的矽洞與零點等），都呈現梅爾卡巴的形狀。因爲呈現這個形狀，所以極容易製造出八個電子。

矽洞會製造出電子——事實上，它更

可以製造出任何數量的電子，於是便能形成所有的元素、原子，以及一切物質。

矽洞的這種能力，稱爲「原子轉換」或「物質轉換」。此外，將某種原子轉變爲另一種原子的能力，也稱爲「原子轉換」。

由於矽洞本身具備梅爾卡巴的性質，因此可以輕易地從八個端點釋放出八個電子。

人類是由碳組成的。碳的原子序是6，擁有六個電子，這時再加上矽洞生成的八個電子，總共會有十四個電子，於是就變成了原子序14的矽原子。

矽裡面的矽洞可以將人類的能量從碳轉換爲矽，幫助人類矽化（水晶化）。

人類之所以是由碳組成的，正是因爲背後已經預設了一套「幫助人類提升次元」的劇本。只要藉由活化松果體塑造出一股矽化的正向循環，讓松果體進一步活化，變得強而有力，人類會漸漸不需要進食與睡眠。

# 人體細胞傳遞的是頻率

我們身體的六十兆個細胞各自被細胞膜包覆，而細胞膜當中也富含了矽。細胞膜表面有「受體」，這是一種相當於資訊傳遞窗口的接收器。

現代科學認爲神經末梢會釋放出乙醯膽鹼與去甲基腎上腺素等神經傳導物質，再由受體接收這些物質，將必要的信號傳遞到細胞裡。但實際上，神經傳導物質只是頻率在細胞之間傳遞的過程中產生的副產物而已。

其實，細胞眞正傳遞的是**頻率**。身體靈魂波的能量頻率從松果體發送到神經，最後被受體接收。

如同我之前提過的那樣，松果體接收到的宇宙靈魂波會在松果體進行轉換，化爲身體靈魂波，傳遞到全身上下的神經。從神經細胞的神經末梢經過突觸（形同神經之間連結的鋼索），最後傳遞到末梢細胞的細胞膜表面的受體。這一切都是爲了傳遞頻率。

最後，頻率的能量會抵達每一個細胞，抵達細胞膜受體裡矽的矽洞，接著再抵達細胞中的粒線體，最終會抵達粒線體受體裡的矽的矽洞，並創造出人體所需的能量。

此外，由於頻率的能量會抵達細胞內部核心，並對DNA產生影響，因此便能促進蛋白質合成，製造身體細胞，並讓身體細胞產生變化。

每個細胞中的矽裡面的矽洞，也會各自發揮白洞與黑洞的功能，維持細胞現有的狀態，並促使細胞進化。

對現今的科學而言，受體可謂最先進的概念。目前的科學理論認爲，神經末梢會釋放出各種神經傳導物質，被細胞的受體接收後產生化學反應，接著便釋放出合成物質。

不過，「看得見的事物」與「可測量出的事物」終究只是高能量頻率生成的一種低頻率物質而已。

對高次元的科學而言，矽裡面的矽洞才是一切的關鍵。

## 超越時空的大門

地球人被時間、空間與重力束縛。

一旦被重力束縛，人類能量的本質——螺旋頻率就只能朝著地球中心的特定方向。

事實上，正是這種被拉往地球的狀態，創造出「時間」與「空間」。不過，一旦有辦法自由提升自身頻率的能量，就能朝向更多方向，於是便能脫離時間與空間的束縛。

時間與空間這兩種概念，是基於「我的身體只存在於此時此地」的幻想而生的。

「我存在於此刻，不存在於其他時間。」「我存在於此地，不存在於其他地點。」這樣的概念不過是一種出於「我只存在於此時此地」的**幻想**。

從基本粒子的層次來看，自己的靈魂意識能量存在於現在、過去和未來，也存在於這裡和其他地方，只不過現在選擇了眼前這個地方罷了。

若松果體處於未活化狀態，我們就會受到重力束縛，被關在時間與空間的框架中；相反地，假如松果體活化、通道敞開，就可以自由地選擇多次元的平行自我宇宙，於是便能**自由跳躍到任何時空中的自己身上**。這是因爲構成自己的那股頻率獲得提升，於是便擺脫重力的束縛，時間與空間的框架也跟著變得越來越稀薄。

松果體是唯一一扇超越時空的大門。

順帶一提，一旦松果體活化，能量的頻率提升，就能自由地翱翔天空，這是因爲擺脫了重力的束縛，形成反重力狀態的緣故。

而這就是幽浮漂浮的原理。

## 松果體促成了「吸引力法則」

「吸引力法則」現在已經廣爲人知，這無疑是宇宙源頭的法則之一。當我們想要實現某個願望時，這是一種非常有效的方法。

不過，確實也有許多人學習並實踐了這個法則，或是其他各種成功法，卻依舊無法獲得自己期待的結果。

爲什麼會出現這種狀況？

因爲，人們單純是以腦袋去理解這個法則，不和宇宙智慧連結，反而以普遍觀念、僵化思想、自己的今生以外的知識與資訊，甚至是自己之外的其他意識提供的知識與資訊爲優先所致。如此一來，不只無法獲得靈性上的成長，甚至會加速發展成一個「僵化死板的地球人」。

想要成功運用吸引力法則，第一步就是要讓**松果體活化**；再來，還需要和宇宙智慧連結。

當松果體未活化時，其通道會呈現關閉狀態，事情就不會發展成你想要的樣子。

假如不了解松果體，讓它維持未活化的狀態，那麼不管再怎麼努力研讀吸引力法則或自我啓發法，未來也無法如你所願。

## 「這樣就好了」的心態能讓松果體發揮作用

該如何活化松果體？究竟要怎麼做，才能不再當個僵化死板的地球人，和宇宙連結，活出不再痛苦的人生？

答案是：用**「這樣就好了」的心態全然接受自己此時此刻在人生與身體上經歷的一切**。

沒錯，就像《天才妙老爹》裡的爸爸說的：「這樣就好了！」這套日本知名漫畫裡的爸爸簡直就是地表最強的模範爸爸。

爲什麼這麼說呢？因爲，我們人生與身體上的各種狀態，都是靈魂意識透過松果體選擇要進入哪個人類個體時，自己挑選的劇本。

只要接受這一切，自己選擇的這套劇本就能按照原本應有的方向發展，或是讓原來糾結在一起的劇本鬆開來，透過改寫的方式讓劇本正常運作。如此一來，松果體就會逐漸發揮應有的功能。

這時，松果體的矽洞——亦即通道——便會敞開，高次元的宇宙智慧將流入身體，將劇本改寫成自己理想中的模樣。

除此之外，還能自由地選擇理想中的自己所在的那個多次元平行自我宇宙。這簡直就是一場「革命」。爲了發起革命，也就是獲得自己渴望的理想未來，首要之務就是促使松果體活化。

不過，想必會有人覺得很難對任何事都抱持「這樣就好了」的態度。當你遇到這個問題時，請實踐第五章介紹的喚醒松果體的祕訣與技巧，一點一滴地嘗試接受現在的自己。

當你掌握到一個微小的機會時，就從這件事著手，這將成爲突破問題的開端。

第 4 章

# 解開松果體的奧祕

## 松果體扮演發號施令的角色

我們普遍認爲身體是由大腦控制、由大腦下達指令，但其實並非如此。不只是身體，包括對我們的人生下達指令的，都是看不見的高次元十二股螺旋DNA資訊，以及在背後推動這一切的宇宙智慧。

事實上，通過松果體的宇宙智慧掌握了控制人生與身體的十二股螺旋DNA資訊的指令，但這個世界上沒有一本書提及這件事。

前面提過，現代人的胸腺、闌尾與粒線體的功能越來越弱，而這正是**松果體弱化**所致。

當DNA對胸腺發出「製造某某免疫細胞」的指令時，松果體扮演著監視與調整的角色。此外，當DNA對闌尾發出「釋放某某免疫細胞」的指令，以及對粒線體發出「製造多少能量」「現在停止工作」「現在開始工作」等命令時，也都是由松果體監視與調整。

然而，由於松果體變得越來越衰弱，如今胸腺、闌尾與粒線體都已經無法發揮原有的能力，於是這些器官就全都萎縮了。

松果體變弱之後，粒線體就不會再製造能量，所以全身上下的能量都會減少。越來越多現代人出現疲勞、身體恢復能力不佳、冬天極度畏寒等情況，就是因爲這個緣故。

身體過敏、特異性過敏症、氣喘、關節炎、結締組織疾病、癌症等問題，都和免疫失調有關。

由於松果體無法監視與調整胸腺與闌尾的運作，便會出現免疫失調的狀況，包括運作過度、不需要運作的時候也運作、該運作時不運作等現象。而免疫失調的結果則會以疾病症狀的方式顯現。

只要松果體朝氣蓬勃，這些問題都會一掃而空。尤其是身體的免疫功能與製造能量方面，和松果體更是有密不可分的關係。

免疫與製造能量的功能若是可以正常運作，我們的身體就能保持在健康狀態。光是從健康方面來看，就足以明白促進松果體活化具有多麼重要的意義。

## 讓松果體功能減弱的毒素

一直以來在物質社會苦苦掙扎的地球人，邁入現在這個時代之後，開始出現些微進化，靈魂的頻率逐漸提升，所以人們察覺到，就算身體和內心感到愉快，靈魂卻依然不快樂。於是，靈性社會的大門就此開啓了。

唯有松果體活化，靈魂才會感到愉快。但這件事始終被特定人士隱瞞，所以對於松果體眞正的價值與功能，人們相當缺乏正確資訊。

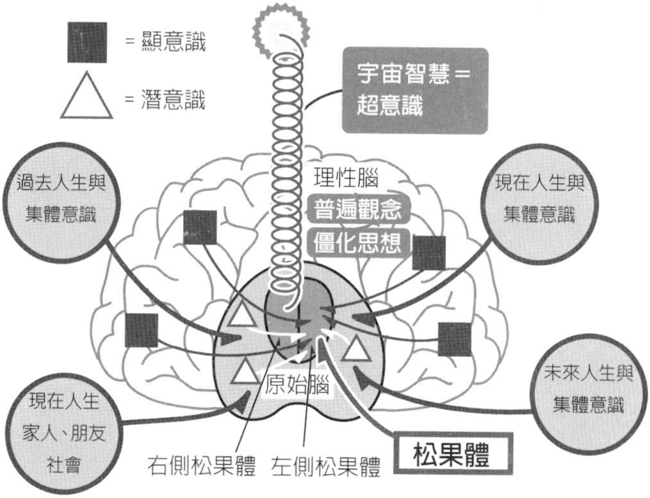


現代人的大腦比古代人發達許多，於是便很容易憑藉大腦累積的知識與資訊處理事物。這麼做就會創造出普遍觀念與僵化思想，也很容易被集體意識（自己以外的其他意識建立的想法）影響。

普遍觀念、僵化思想與集體意識形成許許多多的「雜念」，而這就會妨礙來自宇宙智慧的直覺運作。於是，人們會開始認爲「我必須這樣才行」「我必須變成這樣才可以」，活在糾結與痛苦中。如此一來，松果體只會越來越衰弱。

難得人類擁有松果體這個龐大的無線電收信機，可以運用一路延伸下去的神經，一口氣將資訊輸送到全身上下。人類明明有如此高效率的智慧系統，現在這套系統卻幾乎處於沉眠狀態。

動物因爲不會用大腦思考，所以不太會形成普遍觀念與僵化思想，雜念也比較少，宇宙智慧就很容易發揮作用，讓動物能夠與大自然一同生活。其中尤以海豚最爲明顯。海豚會平穩地處理本能的智慧與集體意識，單純活在「當下」的情緒中。因此，海豚的松果體與原始腦明顯比其他生物大，理性腦（大腦新皮質）的體積則很小。

當大腦像人類這麼發達時，活在三次元的地球社會就變得很容易、很方便，但同時也就難以連結宇宙智慧。如此一來，就很難與大自然一同生活，於是就此成爲一種偏向文明的生命體。

此外，**「直視太陽很危險」的觀念**，也是松果體弱化的重要因素之一。看著太陽可以提升矽的振動頻率，幫助松果體活化，人們卻被錯誤觀念深深影響。關於這一點，我會在第五章詳細說明。

再者，有些物質也會導致松果體喪失活性。

那就是**汞與氟**。

疫苗含有汞，牙膏裡則有氟。現代人相信醫學、社會與媒體提供的資訊，於是大量攝取這兩種物質。

爲什麼這兩種物質會導致松果體失去活性？因爲，汞與氟本身的振動頻率會擾亂矽的頻率。

此外，汞的頻率還會損傷大腦與神經細胞，因此注射疫苗相當危險。

## 松果體產生變化的歷史過程

成人的松果體大小約七～八公釐，嬰兒時期的松果體則比成人大上許多。人長大後，因為只會使用由普遍觀念與僵化思想形成的大腦知識與資訊，所以松果體漸漸不再運作，就此萎縮。

不過，我們遠古時期祖先的松果體有二～三公分大，跟海豚的松果體差不多大小。

遠古時期的人類，負責處理顯意識的大腦皮質相當小，處理潛意識的原始腦不像現在這麼大，用來接收宇宙智慧的松果體則很大，運作得十分活躍。

這個時期的人類不會被灌輸多餘的知識與資訊，因此相當重視那些眼睛看不見的事物。同時，他們既不會思考複雜的事，也不會為其苦惱，而是單純地尊崇那些眼睛看不見的存在，與大自然共處。在這樣的生活中，松果體可以確實發揮原有的功能，保持在活化狀態。

包括日本在內的全世界人類，和宇宙智慧的連結大概都是從十九世紀中後期開始變弱。

隨著人類文明越來越進步，人們不再相信眼睛看不見的世界、超能力與通靈能力之類的事物，實用主義日漸盛行，人們習慣以知識與資訊思考事物，以過去發生過的例子做判斷，於是便形成了普遍觀念與僵化思想。一旦形成普遍觀念與僵化思想，松果體的運作就會受到阻礙，於是人們越來越不去使用松果體。而當松果體不再受人使用之後，也就變得越來越小了。

人們越是使用大腦，以理論思考事物，松果體越是喪失活性，陷入惡性循環。現代人以左邊的松果體爲主，特別傾向使用左腦（地球腦）思考事物。

# 高次元存有與松果體

遠古人類深信且尊崇的那些看不見的**高次元存有**，是**高次元地球外生命體**，也就是外星人，以及人們的集體意識形成的神與天使的能量。在那個時期，高次元的生命體及能量會直接與地球接觸。

遠古人類持續與高次元生命體接觸，高次元生命體則直接將**宇宙智慧**化爲訊息，傳達給遠古時期的人類。

由於遠古時期地球人的松果體處於活化狀態，因此有辦法接收高次元的資訊，學習各式各樣的事物。

他們學習的正是宇宙本質的資訊，也就是宇宙智慧。

然而，之後情況出現變化。根據高次元存有的判斷，地球人若要進一步成長，就不該由他們接觸地球人，而是應該全權交給地球人自己處理，效率才會更好。於是，高次元存有便離開了地球。

接下來有很長一段時間，人類都不曾和他們直接交流。不過，能和高次元存有接觸的時代又將來臨。

外星人與神即將再次回到地球。

只要能在他們的協助下讓松果體恢復活性，我們就會開始接收到高次元的資訊，也就是宇宙智慧。

如此一來，便能促使松果體進一步活化，讓我們接收到更多宇宙智慧的知識與資訊，創造出一個強而有力的良性循環。

# 松果體是靈魂所在之處

遠古時期的地球人幾乎不曾生病。當時的社會不像現在這樣僵化死板，他們過著悠哉愉快的平靜生活，擁有穩定且柔軟靈活的能量。

最重要的莫過於他們的松果體處於活化狀態，因此胸腺、闌尾與粒線體也有極高的活性。在這樣的狀態下，免疫功能會充分發揮作用，同時也有充足的能量，因此便不會生病。

此外，松果體一旦活化，松果體和身體會逐漸矽化。高度矽化的身體不需要攝取多少食物，也不需要多少睡眠時間，就足以獲得生活所需的能量。也就是說，當時的人類生活得更加自由，他們以右邊的松果體爲主，右腦（宇宙腦）特別發達。

遠古時期的人類會老老實實地接受所有來自高次元能量的知識與資訊。

順帶一提，美國原住民霍皮族現在依然保有這項特質。全世界的原住民都和生活在文明社會的人不同，他們相信高次元存有，不被普遍觀念與僵化思想束縛，因此，他們的松果體便能處於活化狀態。

此外，海豚這種松果體活化的動物可說是極爲特別的存在，同時也擁有十分卓越的能力。牠們不具備過去與未來的觀念，絲毫沒有過去的回憶與懊悔，也不會對未來抱持擔憂與恐懼，因此擁有特別強烈的「活在當下」的能量，可以輕鬆愉快地生活。而且，牠們還同時擁有多種情感，隨時都能置身於適當的情緒中。

由於海豚處在這樣的環境下，松果體因此可以維持在強而有力的狀態。牠們運用松果體進行心電感應，彼此溝通與交流，但最重要的一點還是在於牠們和宇宙智慧保持連結。從低次元資訊的層面來看，人類的進化程度高過海豚；但就高次元智慧的層面而言，海豚的進化程度遠高於人類，牠們正可謂活出了輕鬆愉快的生命，活出了靈魂意識原本應有的狀態。

偉大的哲學家指出「松果體是靈魂所在之處」，說得眞是太好了。

## 松果、蛇與眞知之眼的謎團

讓我們再看一次大腦的示意圖（請見第163頁）。位於理性腦中的現在人生的普遍觀念與僵化思想形成了「顯意識」，位於原始腦中的過去人生、未來人生與平行人生的意識，以及自己之外的家人與社會的意識形成的集體意識，則共同形成了「潛意識」。現代地球人大腦中的顯意識與潛意識，不斷以妨礙能量運行的方式攻擊並阻礙松果體的運作。

顯意識是位於理性腦中的知識與資訊，人們可以自己感覺到顯意識。顯意識是在地球社會的經驗中培養而成，來自我們誕生在地球那一刻起，從父母、家人、學校與社會學習到的事物。

潛意識則是由自己的過去人生、未來人生與平行人生的意識，以及自己之外的其他意識形成的集體意識集結而成。這些資訊累積在人類的原始腦中。

這樣的潛意識稱爲「**亞時空資訊**」——所謂亞時空指的是「亞時間」與「亞空間」。亞時空裡充滿超越時間與空間的各種資訊，包含從宇宙初始到現在的所有知識與資訊。這些知識與資訊來自「此時此地」的自己之外的源頭，而不是自己的零點。

那裡存在著包含此時此地的平行世界在內的集體意識，因此會帶給人強烈的震撼感。

在此我用第一章「松果之謎」單元提過的例子來說明。

首先是雙盤蛇帶翼權杖，這枝權杖上面有兩條想吃松果的蛇（請見第56頁）。

這個圖像是在講述松果（透過松果體傳來的宇宙智慧）和亞時空資訊（普遍觀念、僵化思想，以及過去人生、未來人生與平行人生的自我意識，還有自己以外的意識）之間的關係。

也就是說，這顆松果就是松果體，而蛇正是阻礙人們接收宇宙智慧的「普遍觀念與僵化思想」及「亞時空資訊」。

我們的靈魂意識爲了幫助靈魂進化與成長，會「故意」安排一些擾亂自己的元素，所以理所當然就會將紊亂的DNA資訊輸入松果體中。接著，松果體該做的就是輸出資訊以導正這股紊亂，這正是松果體原本的工作。

假如松果體處於活化狀態，這些工作就會順利進行，但這時卻有「蛇」來干擾，於是我們的松果體就無法順利接收宇宙智慧。妨礙事情運作的那股能量，讓松果體通道就此關閉。當人們越是被這股輸入的力量干擾，越難獲得對自己有幫助的輸出。

這個狀態就像松果被蛇吃掉一樣，而這種狀況就發生在我們的日常生活中。

接著，讓我們來看看眞知之眼（請見第55頁）。

眞知之眼的左眼（烏加之眼）象徵普遍觀念、僵化思想與亞時空資訊。與其相關的部位則是左側的松果體，也就是潛意識所在之處。

潛意識指的是原始腦中的知識與資訊，這些想法我們自己並不會察覺到，但確實會發揮作用。潛意識是由「隱藏的自我意識」與來自他人的「集體意識」形成的，其中包含自己的過去人生、未來人生與平行人生的經歷，以及遠古時期、平行世界與自己所在的這個世界的資訊。

眞知之眼的左眼會將緊縛的普遍觀念、僵化思想與亞時空資訊輸入松果體，而眞知之眼的右眼（拉之眼）則會針對這份紊亂的輸入資訊，將高次元的知識與資訊輸出到松果體。

左側與右側的松果體會連結到不同的資訊，而左側與右側大腦也各自與左右的松果體相關。

**右腦與右側的松果體相關，掌管直覺與感性，是宇宙層次的「宇宙腦」。**

**左腦與左側的松果體相關，掌管理論與邏輯，是地球層次的「地球腦」。**

人類透過右側松果體獲得的宇宙智慧，稱爲「超意識」（宇宙意識）。對每個人類而言，超意識是最適合且最能有效幫助自己靈魂意識能量進化、成長的知識與資訊。雖然人們無法自行察覺其存在，但若要確保自己能獲得超意識，最好**讓顯意識與潛意識進入沉睡狀態**。

地球社會目前爲止所有的自我啓發技巧，都是採取最大限度地開發潛意識的做法。然而，讓潛意識沉睡其實會更有幫助。

也就是說，單純抱持「這樣就好了」的心態接納一切，不去東想西想。透過靜心與實踐我介紹的自我工作等方式，都能有效引導自己進入這個狀態。

這便是右側松果體接收的超意識，也就是在宇宙智慧的幫助下獲得的領悟與啓發，源於自己零點的知識與資訊。

即使松果體進入活化狀態，但這時如果又吸收了地球層次的知識與資訊，那麼原本上升到一半的頻率，就會讓左側的松果體積極運作。如此一來，便會與亞時空連結，被來自亞時空的資訊控制。

松果體充分活化之後，就會強力提升靈魂能量的頻率；一旦頻率提升，就能連結到自己源頭的超意識，讓宇宙智慧發揮作用了。

## 以數字解開松果體活化之謎

現在來看看數字。

當我們接收到更高層次的宇宙智慧時，松果體中矽的能量頻率就會不斷提升，松果體的力量也會增強。

能量增加意味著原子的振動頻率會提高。

當同一物質的能量保持相同性質，並出現能量增加的現象時，就代表振動頻率以諧波、倍數不斷增加。

假設原本的振動頻率是一百，那麼以整數倍增加到兩百、三百、一千、一萬等數字時，就稱爲「諧波效應」。

若原本數字是九十九，整數倍就是一百九十八、兩百九十七、三百九十六……

只要以這種方式增加，物質就會保持原本的性質。

不過，一旦增加的數字稍微偏離原本數字的倍數，就無法與本來的性質產生共振，原本的性質就會出現變化。

若要讓矽一邊維持諧波效應，一邊提高自身振動頻率，就必須讓頻率呈整數倍增加。

矽的頻率越高，松果體活化的程度就越高，能夠連結到更高層次的宇宙智慧。

就松果體而言，**增加矽的體積（亦即增加松果體的體積）**自然相當重要。

但還不只如此，只要能**提高松果體裡面的矽的頻率**，矽以外的原子也會在矽洞的原子轉換能力下矽化，於是松果體中矽的比例就會越來越高。

一旦松果體裡面的矽的頻率提高，松果體就會開始在腦中振動。矽的頻率越高，松果體就會以越高的能量振動。

松果體振動時，人們一開始會感受到一股溫熱的能量；但是當松果體的振動頻率進一步提升後，就會轉變爲一種舒服放鬆的狀態。就在這一刻，宇宙智慧降臨到人類身上。

說到頻率，每個人都擁有自己特定的頻率，而這個頻率是由宇宙源頭（宇宙源頭的頻率無限大）一開始賦予自己的那個帶有自我特色的特定能量頻率除以整數而來。

因此，越是提高振動頻率，越容易和宇宙源頭的能量具有的高頻率共振。

## 與地球和宇宙連結的頻率

舒曼共振的七・八赫茲，是與地球共振的頻率。

而讓松果體活化的頻率，則是**九百三十六赫茲**。

我感應到一則訊息要我「除除看」，所以我就除了一下。

**936÷7.8＝120**

竟然可以整除！九百三十六是七・八的一百二十倍，也就是說，地球喜歡的頻率和松果體喜歡的頻率彼此是倍數關係。

以下這則算式可以幫助我們抱持「現在這樣就好了」的心態，輕鬆愉快地和宇宙連結，安心在地球上過著美好的生活：

**與地球和宇宙連結的頻率＝936赫茲（亦即7.8赫茲×120）×整數**

只要一直讓頻率保持在九百三十六赫茲的倍數，不斷提高螺旋振動頻率，就能在連結地球的狀態下同時和宇宙連結。

此外，一百二十這個數字還有一層重要意義：這個數字可以被二、三、四、五、六整除，是個較爲特別的數字。這一點本身也具備宇宙層面的重要意義。

地球的共振頻率七．八赫茲是包含石頭等無機物到植物等有機物在內，統合了地球上所有生命意識的頻率。

再者，宇宙智慧在松果體的轉換下化爲身體智慧能量的那一刻，頻率也是九百三十六赫茲。

這時，宇宙智慧轉化爲身體可以適應的物質層次能量。之所以這麼做，是因爲若要通過脊髓與各種神經，對DNA的雙股螺旋發揮作用，非得是物質性的頻率不可。

而四股螺旋到十二股螺旋 DNA則是看不見的能量，所以會化爲更高的頻率。不過，由於改變後的頻率若不是九百三十六赫茲的倍數，性質會出現變化，因此就會以九百三十六的整數倍對四股以上的 DNA螺旋發揮作用。

當松果體活化，嘗試與高層次的宇宙智慧連結時，只要以幫助松果體活化的九百三十六赫茲的倍數不斷將頻率增加到無限大即可。

## 高次元 DNA與靈魂意識的頻率

九百三十六赫茲可以對 DNA的雙股螺旋產生作用。假如把這個數字看成約一千，那麼就可以改寫爲**十的三次方赫茲**。

這既是可以對物質產生作用的頻率，也是眼睛看得見的物體的頻率。

而人類生命向周遭發送的頻率約爲十萬赫茲，亦即**十的五次方赫茲**，這就是一般人類的生命能量頻率。

要完全看得見，頻率就必須在十的三次方赫茲上下，這個頻率會對DNA的雙股螺旋產生作用。

而十的六次方赫茲會對四股螺旋產生作用；十的九次方赫茲會對六股螺旋產生作用；十的十二次方赫茲會對八股螺旋產生作用；十的十五次方赫茲會對十股螺旋產生作用。

而十二股螺旋既擁有所有的人生劇本，同時也位於超越光速的層次，因此本身發揮的作用力會超過十的十八次方。

高頻率的能量並非由身爲物質的松果體所產生，而是由一層包裹在松果體周圍、看不見的能量體「高次元松果體」產生的。

可見光存在於十的十四次方到十五次方赫茲之間，揚升大師（擁有高尚靈魂、居住於天界之人）與天使的頻率則位在有時看得見、有時看不見的層次，以稍微高於可見光的頻率存在。

在這個光頻區間，人們會體驗到靈異現象。

形成靈魂意識的宇宙智慧，自然是在十的十八次方赫茲以上、超越人類智慧所及的層次。

## 靈魂與脈輪的數字

誕生在地球之前，我們靈魂意識能量的頻率超過十的二十次方赫茲。我們用這個頻率感受松果體的光，來決定要選擇哪個個體，接著再進入自己選擇的那個松果體中。

之後，這股能量的頻率在松果體的幫助下轉換爲身體智慧（身體靈魂波），形成現代科學知道的十的三次方赫茲。這股能量會從大腦流向脊椎中的脊髓。

而現代科學不知道的高頻率靈魂波則會透過看不見的高次元松果體，流向看不見的高次元神經，對看不見的高次元 DNA 產生作用。這時，現代科學知道的身體靈魂波就會對看得見的雙股螺旋 DNA 產生作用。

松果體位於第六脈輪，但從能量層面來看，則扮演第七脈輪的角色。由於松果體有接收宇宙智慧的功能，因此簡直就像第七脈輪的化身。

想要扎扎實實地立足於地球，接收宇宙智慧，以一名擁有身體的人類個體生活，最好就要以七．八赫茲這個與地球連結的頻率的倍數，來構成各個脈輪的頻率。

各個脈輪的頻率與和諧唱音及顏色都有關連。這些元素構成的組合可以建立起理想的身體調性，演奏出一首美妙的交響曲。

當身體的ＤＮＡ資訊偏離這些調性時，可以分成兩種情形：一種是原本靈魂意識就選擇出現這種狀況，另一種則是受到普遍觀念、僵化思想與亞時空資訊影響，而不是由自己的靈魂意識設定的現象。無論是哪一種，都會由宇宙智慧來導正其中的紊亂，而高層次的宇宙智慧將創造出以下調性（頻率）。

**・基礎頻率**

第七脈輪：約九百五十赫茲（936＝7.8×120）
第六脈輪：約八百五十赫茲（858＝7.8×110）
第五脈輪：約七百五十赫茲（780＝7.8×100）
第四脈輪：約六百五十赫茲（663＝7.8×85）
第三脈輪：約五百五十赫茲（546＝7.8×70）
第二脈輪：約四百五十赫茲（468＝7.8×60）
第一脈輪：約四百赫茲（390＝7.8×50）

### ・脈輪能量的頻率

第七脈輪：第七脈輪基礎頻率 × 整數
第六脈輪：第六脈輪基礎頻率 × 整數
第五脈輪：第五脈輪基礎頻率 × 整數
第四脈輪：第四脈輪基礎頻率 × 整數
第三脈輪：第三脈輪基礎頻率 × 整數
第二脈輪：第二脈輪基礎頻率 × 整數
第一脈輪：第一脈輪基礎頻率 × 整數

將基礎頻率各自乘上十的十二次方，就會得出與各個脈輪顏色對應之光的顏色的頻率。而基礎頻率，其實就是通過脊髓的身體靈魂波。

## 各個脈輪能量的振動頻率

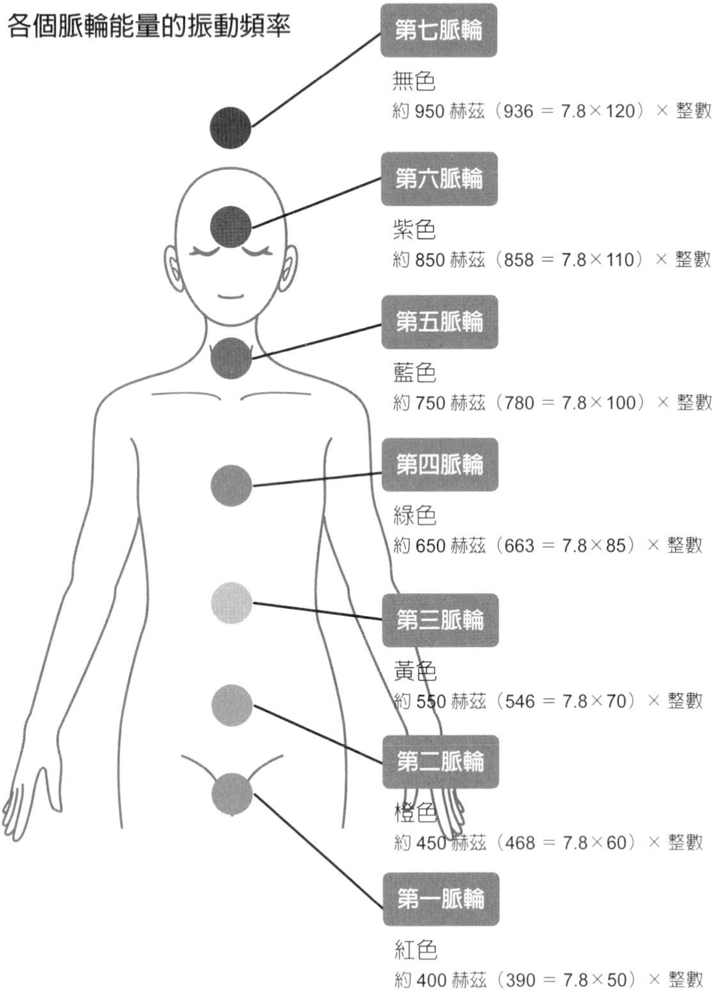
第七脈輪
無色
約 950 赫茲（936 ＝ 7.8×120）× 整數
第六脈輪
紫色
約 850 赫茲（858 ＝ 7.8×110）× 整數
第五脈輪
藍色
約 750 赫茲（780 ＝ 7.8×100）× 整數
第四脈輪
綠色
約 650 赫茲（663 ＝ 7.8×85）× 整數
第三脈輪
黃色
約 550 赫茲（546 ＝ 7.8×70）× 整數
第二脈輪
橙色
約 450 赫茲（468 ＝ 7.8×60）× 整數
第一脈輪
紅色
約 400 赫茲（390 ＝ 7.8×50）× 整數

順帶一提，每個脈輪的基礎頻率能有效改善各脈輪對應領域的免疫力，促進人體修復自身的ＤＮＡ。

地球上的舊有觀念認爲「免疫」代表排除、擊退、抗原抗體反應，但從現在開始，嶄新的地球對免疫的認知會逐漸轉變爲修復與適應ＤＮＡ。

## 帶有宇宙力量的致意詞

只要提升能量場的頻率，就能提升自己的頻率，促進松果體活化。而任何人都有辦法立刻提高自己的頻率——透過**向人致意**。

很多人都認爲「謝謝」（有難う）是一個特別的詞。不用說，這的確是個很重要的致意詞，現在就讓我們來看看這個詞是怎麼來的。

很難擁有、很難發生的事＝難能可貴（有難う）。

簡單來說，「難能可貴」的意思是「不太會發生」，也就是說，這是一句否定的話。因爲是否定，所以會讓能量稍微降低一些。

因此，光說「謝謝」是不夠的。

所謂「很難得的事」，意思就是雖然不太會發生，但確實會「發生」；換句話說，一旦發生就會讓人覺得「很開心」。當我們加上「很開心」的想法時，能量就會進一步提升。

事實上，**「我很開心」比「謝謝」的能量更強大**。

因爲「謝謝」是在表示「自己對事物的觀察」，而不是內心的狀態。觀察自己經歷的事物後，發現「不太會發生」，因此才說出「謝謝」。

然而，「我很開心」這句話則代表自己內心正面的聲音。

所以，「我很開心」具有較高的能量。

除此之外，有一句話的能量更高，那就是「**眞是太棒了**」。

一般來說，大家經常使用的說法是「辛苦了」「勞煩你了」，但「辛苦」

和「勞煩」都是負面的詞，因此只會降低我們的能量。

我們的人生、身體和所有經歷都是自己的靈魂選擇的最佳劇本，所以，我們應該說的是「眞是太棒了」。

從前我經常說「謝謝」「眞是太棒了」，卻覺得好像缺少了什麼。就在這個時候，我發現「我很開心」帶有一股強烈的能量，最後終於創造出這套具備更高能量場的致意詞：

**「謝謝你。眞是太棒了。我很開心。」**

這正是能讓我們獲得廣大宇宙的協助、恩賜與祝福，擁有最強能量的致意之詞。

# 自由往來於多次元平行宇宙

頻率提升、松果體高度活化之後，會發生什麼樣的變化？

首先，你將能**自由地選擇其他的「平行自我宇宙」**。

在平行自我宇宙中，同時存在著過去的自己、未來的自己，以及另一個現在的自己。這些自己存在於跟現在這個自己不同的環境中。

而你可以瞬間移動到你選擇的那個世界。

這個現象背後的原理是什麼？這是因爲松果體的矽洞進入超級活化狀態後，就會形成通往其他的自己所在的**多次元平行自我宇宙**的通道。

當這個通道強而有力地敞開時，我們就能瞬間選擇理想的自己所在的那個多次元平行自我宇宙。

這聽起來很像科幻小說的劇情，但多次元平行自我宇宙確實存在。只要我們讓自身進化而促使松果體活化，就能運用矽洞的黑洞效果前往其他世界，再運用白洞效果回來，自由往來於各個不同的世界。

當人類因疾病或意外事故而瀕臨死亡，或是陷入深沉的睡眠而做夢時，經常會感受到其他次元的自己，這種現象也是因爲透過松果體移動到多次元平行自我宇宙所致。這個時候，松果體會大量釋放開啓通道的物質——二甲基色胺。

不過，在平行宇宙停留的時間通常很短暫，接著就會回到原來的現實宇宙。但只要松果體的通道充分敞開，就能將多次元平行自我宇宙拉到現在置身的這個現實自我宇宙裡。

# 瞬間化身爲理想中的自己

聽到「世界上存在著多次元平行自我宇宙」這句話時，人們不僅不會相信，甚至無法理解其中的意思。現在的地球人總是很難相信那些不貼近現實的事物。

不過，只要你能了解到多次元平行自我宇宙確實跟「此時此地」置身的這個自我宇宙同時存在，就能踏出邁向各種可能性的第一步了——這也正是邁向理想中的自己的第一步。

若你無法了解其中的意思，那麼，有個方法可以幫助你成爲「理想的自己」：

**想像你成爲自己理想中的模樣，並以這個狀態生活。**

高次元地球外生命體巴夏也十分強調「徹底化身爲自己想要的模樣」。全然化身爲理想中的模樣之後，周遭人們的反應一開始會很冷淡，但只要能持續下去，衆人的反應會逐漸轉變。當周遭人們的反應有所變化時，就代表你在不知不覺中自然而然地移動到理想中的那個多次元平行自我宇宙了。

抱持「這樣就好了」的態度接受一切事物，並做些讓自己覺得「輕鬆愉快」的事，松果體會十分喜悅——換句話說，就是開始活化。

這就是讓松果體感到「**眞是太棒了**」的狀態。在這個狀態下，矽洞（通道）便會敞開，讓你自然而然地飛向自己喜歡的那個自我宇宙，這時，現實世界中會出現令人不敢置信的奇蹟。

## 松果體活化後的改變 1：活出理想中的自己

沒有疾病的自己。

不去壓抑自己的心情，活得朝氣蓬勃的自己。

和周遭的人相處融洽，過得快快樂樂的自己。

從事小時候或學生時期夢想的職業的自己。

每個人都有各式各樣理想中的自己。

雖然始終很想成爲那個「理想的自己」，但隨著長大成人，這一切成了不切實際的夢想，就此擱置，整個人深陷於眼前的生活中。這便是大多數人置身的狀況。

從小到大，大人都對我們說：「做喜歡的事情沒辦法維生，好好看清現實吧。」而自己長大成人後，又會對自己的孩子說出一樣的話，於是這個惡性循環就無止境地在這個世界蔓延。

然而，松果體如果活化、通道開啓，彷彿做夢一般的事就會逐漸化爲現實。

比方說，假設在現在所處的這個世界中，你內心深處一直渴望成爲飛行員，卻因爲身高太矮，視力也很差，達不到飛行員的基本門檻，於是你早就放棄了這個夢想。然而，在某一個平行自我宇宙中，你就是個飛行員。

這時，一旦松果體活化、通道開啓，你就能向著自己渴望的那個平行宇宙進行次元移動。

如此一來，即使從前你身邊的人並不支持你的飛行員夢想，在多次元平行自我宇宙中，周遭的人也會支持你的夢想。

你的視力會突然變好，身高會在一瞬間變高，飛行員的基本門檻也會出現變化。於是，你的夢想將會實現。

松果體的通道一旦敞開，引發一場松果體革命，那麼，理想的那個多次元平行自我宇宙中的自己與環境，就會在不知不覺間，轉變爲自己現在置身的這個現實自我宇宙了。

我們有辦法將自己理想中的多次元平行自我宇宙的狀況，以能量轉換的方式化爲自己現在置身的這個現實自我宇宙。這聽起來簡直就像一場不切實際的夢，然而，這並不是夢。

# 松果體活化後的改變 2：不吃不睡也能活著

松果體的通道一旦敞開，矽洞就會發揮白洞的功能，從空無一物的地方釋放出電子，改變所有原子的狀態。

矽洞可以取下原子中的電子，也能為原子添加額外的電子。當電子的數目產生變化的那一刻，原本的原子就變成了另一種原子。因此，矽洞有辦法創造出所有物質。

只要運用白洞的轉換能力，即使「不吃飯」也能活下去。

人體周圍的乙太體與星光體等能量體帶有的高次元碳元素，會在矽洞的作用下轉換為高次元矽元素，自由地製造出身體所需的能量與細胞。

最近有越來越多人嘗試不進食，但這只有在松果體極度活化的狀態下才辦得到。一旦松果體活化到一定程度以上，不須攝取食物也能自行製造出身體所需的能量與細胞。

在這個狀態下，人也不再需要透過睡眠引導身體產生能量，因此就會逐漸不再需要睡眠。

接下來我將進一步詳細說明。

碳水化合物、蛋白質、脂肪都屬於碳架結構，攝取這些營養後，細胞內的粒線體便會製造出人類進行一切活動所需的能量。

粒線體會製造出一種名爲「三磷酸腺苷」的物質，這種物質包含腺苷及尾端連接的三個磷酸，尾端的磷酸就像一條尾巴一樣。第三個磷酸脫離這個結構時，會釋放出一股能量，這就是我們所有生命活動的原動力。

磷酸的原子構成相當簡單，包含四個氧原子、三個氫原子、一個磷原子；電子數量方面，則是氧原子帶有八個電子，氫原子帶有一個電子，磷原子帶有十五個電子。

只要備齊這些原料，就能製造出能量之源——三磷酸腺苷。

人類在一般情況下，是透過進食來攝取碳水化合物與脂質，分解後再重新組成磷酸，製造出三磷酸腺苷。不過，一旦可以自由改變電子數量，就能將既有的原子轉換成氧原子、氫原子與磷原子，運用這些原子製造出磷酸。

不僅如此，高次元矽洞還會創造出自由能。

人之所以可以不進食而自行產生能量，祕密就在於這兩點：藉由電子進行原子轉換，以及製造自由能。

接著，讓我們從另一個觀點解開不用進食之謎。

人類除了擁有看得見的物質構成的身體之外，同時也由乙太體、星光體等看不見的能量體組成。

肉眼看得見的身體部分，主要是由蛋白質、碳水化合物、脂肪等物質構成，而蛋白質、碳水化合物與脂肪都擁有碳架的化學結構，因此人類的身體可說是處於碳化狀態。

而乙太體與星光體這類眼睛看不見的能量體，同樣是由眼睛看不見的高次元碳元素構成的碳架結構。

碳的原子序是 6，內側的電子層有兩個電子，外側的電子層則有四個電子。而現在的地球人具有的能量體則是按照與此相同的形式，以看不見的高次元碳元素爲骨架建構出來的。

至於矽化的地球人，身體雖然依舊是由碳組成，能量體卻呈現矽化狀態。

**從碳變成矽**

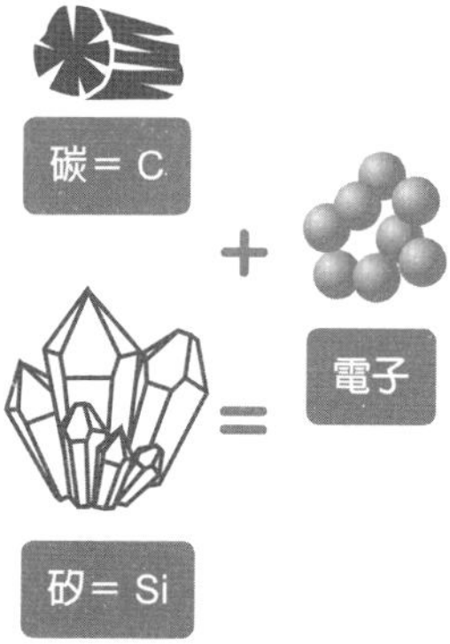


碳 C6 ＋ 8 個電子＝矽 Si14

當高次元松果體活化之後，裡面的白洞會讓全身能量體細胞中矽的矽洞活化，人類的能量體就可以自由地製造電子，讓原子序 6 的碳原子多出八個電子，轉變成原子序 14 的矽原子。

這正是地球人的「矽化」（水

晶化）。

而隨著松果體越來越活化，全身細胞中的矽裡面的矽洞會隨之活化，能量體也會逐漸矽化。當能量體逐漸矽化後，矽洞的能力便會跟著提升，這時就開始可以自由操縱電子，製造出身體所需的原子。

此外，也可以自由地製造自由能。

只要可以在需要的時間、需要的地方製造出需要的原子與能量，人類就不必吃東西了。一般來說，「吃」這項行為本身的意義在於分解食物，取出人體所需的原子後，製造出身體需要的部分或轉換成能量，但若是可以透過矽化取得身體所需的原子，製造出身體需要的能量，那麼就不需要進食，同時也不需要睡眠了。

若從概念上探討，製造身體的關鍵在於矽洞發揮白洞效果，改變了一個電子；也就是說，原子序 1 的氫原子掌握了此處的關鍵。

另一方面，推動身體運作的關鍵則在於白洞效果帶來的八個電子；換句話說，原子序 8 的氧原子則掌握了這裡的關鍵。

氧原子與氫原子結合後會形成水，並製造出三磷酸腺苷能量。

## 松果體活化後的改變 3：帶著自由能活出自由的人生

當矽化的地球人越來越多之後，我們將邁入一個不需要電與石油的時代。運用松果體與水晶中的矽的力量，人類可以自由地製造物質與能量，不再被時間、空間與重力束縛，迎接一個自由的世界。

一旦松果體、細胞與水晶中的矽進入超級活化狀態，矽洞的白洞就會釋放出具備超高次元宇宙智慧頻率的能量。

這就是「自由能」。

不過，自由能只會出現在具備所有必要元素的完美環境中——也就是說，這個環境必須能讓高純度的高次元矽能量存在，而一般的地球環境很難達到這個要求。

古文明時期，人們運用水晶（矽）的頻率，創造出自由能。

但因爲現代科學認爲自由能是「不可能存在」的事物，所以自由能的事始終無法在大衆面前公開。

只要抱著「這種事是有可能的」「這是平常就會發生的事」的心態接受這個現象，身體就會逐漸開始製造出自由能。

唯有相信這一切是眞的，事情才有可能成眞。

此外，由於高次元宇宙智慧能量具有極高的頻率，因此不會受到重力影響。

這種狀況就稱爲「反重力」，同時也是「零磁場」。

自由地運用自由能，乘坐在反重力的交通工具上，自由地在空中飛翔——只要讓松果體活化，引發松果體革命，這種宛如科幻小說劇情的景象絕對不是夢。

## 第 5 章

# 喚醒松果體的 8 大訣竅

# 促進松果體活化

人類若想回復原本的樣貌，輕鬆愉快地生活，促進松果體活化便是一件不可或缺的事。

人生眞正的目的，在於**導正紊亂的靈魂意識能量**，而這件事唯有讓松果體活化才能做到。

只有透過松果體的通道，才有辦法連接到自身源頭的能量，而這裡所謂的通道，就是矽洞具有的黑洞效果。

一旦松果體逐漸活化，就能透過通道傳送自己的資訊，以獲取宇宙智慧，藉此得到應有的領悟與啓發，讓靈魂導正自己紊亂的能量。與此同時，也能將糾纏在一起的那些看不見的高次元多股螺旋 DNA 鬆開來並改寫。

如此一來，就有辦法選擇不同於原先準備好的那套人生與身體劇本，度過更加愉快的人生。

那麼，究竟該怎麼做，才能讓松果體活化？

## 松果體覺醒訣竅 1：接受人生與身體的劇本

讓松果體活化最快的捷徑是——

明白「我現在在人生與身體方面經歷的一切，都是爲了導正自己紊亂的靈魂意識能量而選擇的最佳劇本」，並且抱持「我現在的人生與身體只要保持這個狀態就好了」的心態，接受這一切。

相反地，若是對自己的人生與身體狀況感到悲觀、自我否定，松果體是不會活化的。

無論事情的發展順不順利，都要記得抱持「這樣就好了」的態度，百分之百接納眼前的狀況。

在第三、四章，我從各個角度說明了松果體的功能，第六章則收錄多個實際發生的奇蹟案例。請你閱讀上述這幾章的內容，打從心底感受一下「接納自己的存在」這件事背後的意義與價值。期盼這能引導你一點一滴，逐漸接納自己。

## 松果體覺醒訣竅 2：看著太陽

第二個希望各位多加運用的方法，則是**看著柔和的太陽**。

出太陽的日子，請盡可能讓整個人沐浴在陽光裡，直接看著柔和的太陽。

不過請記住，要看的是早晨的溫和陽光，避開大白天的強烈日光。請帶著優閒輕鬆的心情，凝視遠方的太陽。

松果體是對光線有所反應的器官，只有在黑暗中才會變得活躍。明亮的白天時分暫時休息，等到我們晚上睡覺時再開始運作。

不過，只要白天直接看著太陽，松果體就會分泌被稱爲「幸福荷爾蒙」的血清素，讓我們的人生變得豐富多彩。

然後，到了晚上沒有陽光時，血清素會轉變爲褪黑激素，讓我們在舒服放鬆的感覺中產生睡意。此外，血清素會轉變爲致幻物質二甲基色胺，讓我們體驗到一些超乎尋常的感覺，或是經歷平常不可能發生的事，從中獲得各式各樣的領悟與啓發。

如此一來，對自己現在面臨的人生與身體方面的煩惱與問題，就會開始覺得「這樣就好了」，可以用輕鬆的態度面對。於是，松果體便會進入活化狀態。

尚未習慣陽光時，看著太陽可能會覺得很刺眼，但不要緊，只要一開始這段時間可以克服，接下來就會逐漸習慣了。

等到習慣之後，就慢慢增加看著太陽的時間吧。

假如每次看太陽後，眼睛都會強烈感到不舒服，那麼就避免運用這個方法，轉而試試其他方法。

這個方法是只要出太陽的日子就可以用，沒有時間與地點的限制，也不需要運用任何工具，因此不必花費半毛錢。

只要你的眼睛沒有疾病，看著早晨的柔和陽光不會對眼睛造成不良影響。請放心使用這個方法，當作每天的生活習慣。

## 松果體覺醒訣竅 3：海豚語句

「海豚語句」是在脈輪層次上淨化流經脊椎的身體靈魂波。

這個方法是透過位於脊椎通道的各個脈輪，導正並活化神經的螺旋頻率能量（神經的螺旋頻率能量會形成身體靈魂波）。

平常想到的時候就可以念海豚語句，可以直接發出聲音，也可以默念。如此一來，語句便會流經通道，幫助松果體逐漸活化。

## 五個海豚語句

「現在的自己肯定沒問題。」
「我很感謝現在的自己。」
「我好喜歡現在的自己。」
「我非常了解現在的自己。」
「現在的自己就是宇宙的一切。」

這些語句也各自對應不同的脈輪能量。

第一、二脈輪：「現在的自己肯定沒問題。」

第三脈輪：「我很感謝現在的自己。」

第四脈輪：「我好喜歡現在的自己。」

第五脈輪：「我非常了解現在的自己。」

第六、七脈輪：「現在的自己就是宇宙的一切。」

念每個語句的時候，同時將注意力放在對應的脈輪上，可以進一步提高淨化效果。

## 松果體覺醒訣竅 4：海豚充電

「海豚充電」是將矽能量帶入自己的生活中，促進松果體活化，進一步創造出容易和宇宙智慧連結的狀態。

第一種方法是將矽的結晶——**水晶**視爲靈魂之友，請水晶協助自己導正靈魂意識能量。

水晶和松果體一樣是由矽構成的，因此擁有強而有力的矽洞。佩戴水晶之後，水晶與持有者之間便形成靈魂上的朋友關係，而水晶的矽洞也和松果體一樣，會導正持有者的靈魂意識能量，並幫助他進化與成長。

我建議選擇正十二面體或正二十面體的水晶。

這種切面的水晶，每一面都與相對的那一面完全平行，能夠將智慧之光的能量永遠反射下去，擁有令人驚歎的卓越力量。

正二十面體成對的面比正十二面體多，因此擁有更強大的能量。

在進行活化松果體的工作時，只要將水晶拿在手上、貼在額頭、放在頭頂，效果就能持續累積，不斷提升。

光是帶在身上，或是放在房間裡，水晶就能提供你需要的頻率能量。

而水晶本身是一種纖細的能量，也是一種活著的生命能量，因此必須透過照射陽光、用水清洗等方式淨化水晶。

請不要忘記定期用這些方法保養水晶。

除此之外，還有另一種方法：服用矽素。

矽素可分為來自水晶與來自植物兩種。最近在開發上有所突破，因此市面上出現許多品質優良的植物性產品，但我還是建議各位服用來自水晶的產品，因為這種矽素直接複製了水晶令人驚歎的卓越能力。

## 松果體覺醒訣竅5：海豚運動

「海豚運動」能幫助我們調整身體靈魂波（身體智慧能量）的通道。
這是第六個訣竅「海豚觸碰」的暖身運動。

海豚運動共分為A、B、C三種。

**運動**A：調整腰部、薦骨。
**運動**B：調整胸部、背部。
**運動**C：調整頸部。

請參考下頁的圖解做做看。
這三種運動要按照A→B→C的順序進行。
建議每次至少做十回。

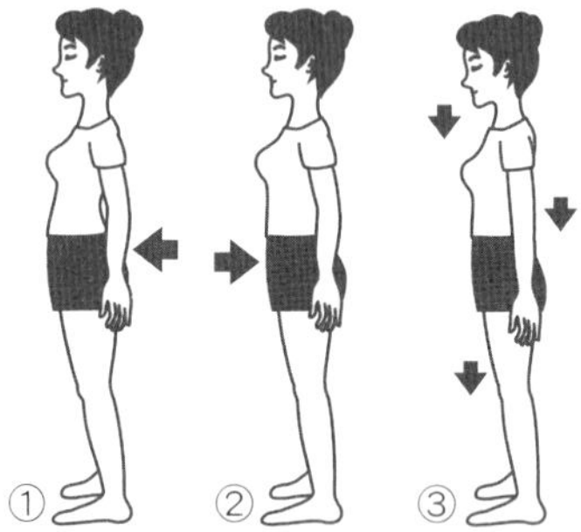


### 海豚運動 A

①腰部往前推。
②下腹部往內縮。
③全身放鬆。

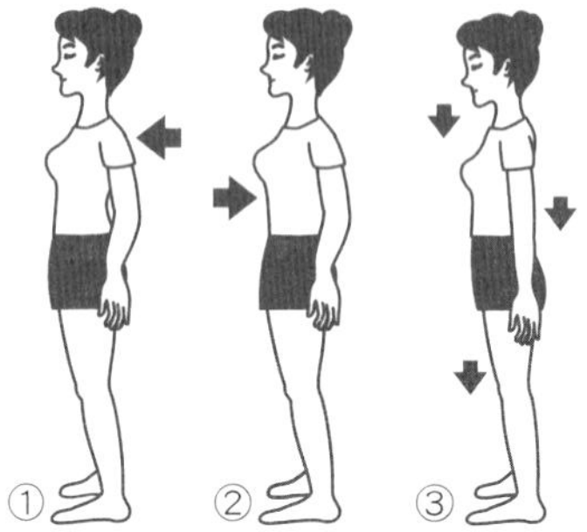


### 海豚運動 B

①雙肩往後拉，讓兩側的肩胛骨
　彼此靠近。
②肚臍往內縮。
③全身放鬆。

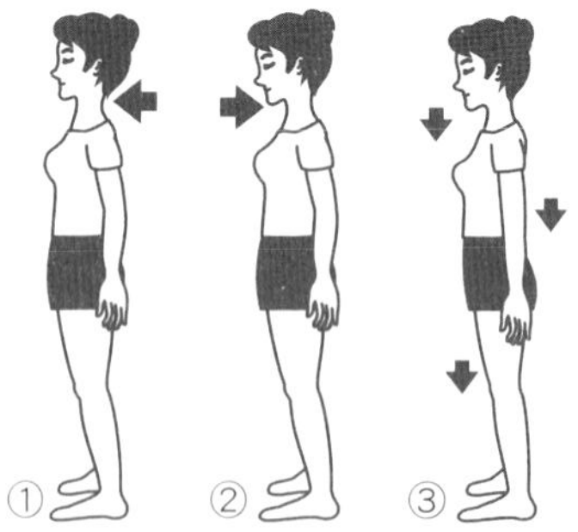


### 海豚運動 C

①頭部位置不動，脖子往前推。
②縮下巴。
③全身放鬆。

## 松果體覺醒訣竅6：海豚觸碰

「海豚觸碰」可以促使身體靈魂波（身體智慧能量）的流動產生物理性質的活化。觸碰時力道要放得極輕，而不是用力按壓。

分成「海豚觸碰①」和「海豚觸碰②」兩個步驟。海豚觸碰①是觸碰第一節頸椎的橫突，海豚觸碰②是觸碰第二節頸椎的棘突。

先進行海豚觸碰①，再進行海豚觸碰②。

請在自己喜歡的時間、喜歡的地點、用自己喜歡的方式進行。盡可能做越多次越好，這樣就能獲得良好的效果。

## ◉海豚觸碰①

**找出觸碰點**

①肩膀放鬆，臉朝正前方。

②找位於耳垂正後方的乳突硬骨。這塊凸出物最底端處的下面一公釐、前面一公釐的位置，就是海豚觸碰①的觸碰點。

③當你用左右手的中指指尖分別輕觸左右兩邊的觸碰點時，會發現兩個觸碰點摸起來不太一樣。

輕觸兩邊的觸碰點時，你會覺得其中一邊出現一絲絲疼痛或不舒服的感覺，那麼這一邊就是海豚觸碰①的觸碰點。

＊假如感覺不出左右有什麼差別，同時觸摸兩邊也無妨。

**輕碰觸碰點**

①肩膀放鬆，臉朝正前方。

②輕碰海豚觸碰①的觸碰點。

③持續觸碰幾分鐘。

觸碰時使用腹式呼吸（嘴巴吐氣，鼻子吸氣）。

## ⦿海豚觸碰②

**找出觸碰點**

①找到位於後腦勺中央凸起的圓形骨頭。

這塊骨頭叫枕骨。

枕骨底端中央往下兩公分，就是海豚觸碰②的觸碰點。

**輕碰觸碰點**

①雙手中指的指尖重疊在一起，放在海豚觸碰②的觸碰點上。

②用中指指腹輕碰觸碰點。

③持續觸碰幾分鐘。

觸碰時使用腹式呼吸（嘴巴吐氣，鼻子吸氣）。

海豚觸碰①

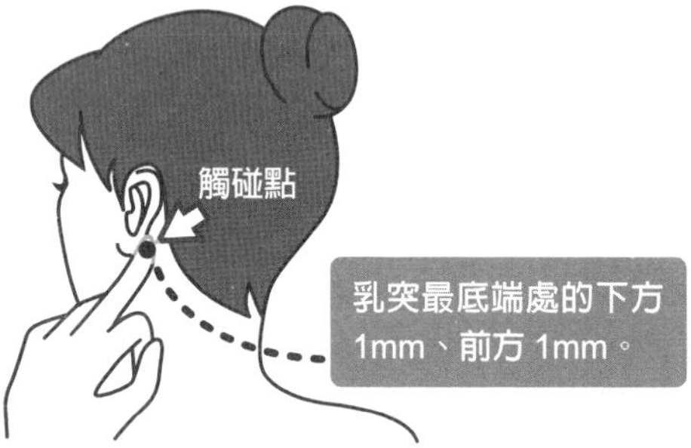


中指指尖微微輕碰觸碰點。
只觸碰左右兩邊裡會出現異常感覺的那一邊（左邊或右邊其中一邊）。
若不清楚是哪一邊，就同時輕觸兩邊。一次進行一到數分鐘，一天數次。

海豚觸碰②

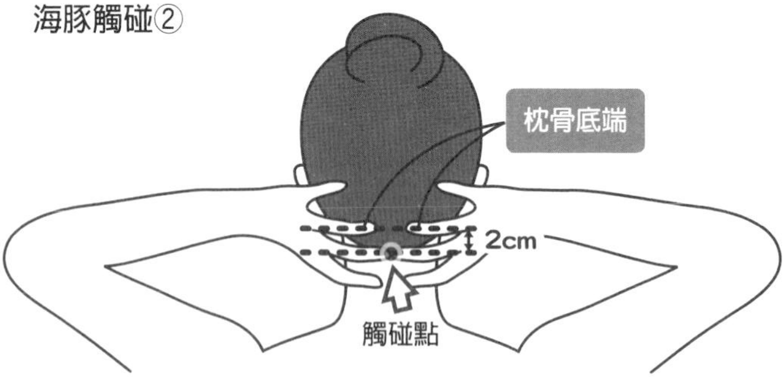


左右手的中指指尖重疊，輕輕觸碰。一次進行一到數分鐘，一天數次。

# 松果體覺醒訣竅 7：海豚歸零

「海豚歸零」會讓多股螺旋 DNA 頓時回到白紙般的歸零狀態。由於緊接著又會立刻回復當初靈魂意識選擇的那個劇本的狀態，此時的狀態和白紙狀態之間有大幅落差，於是我們便會獲得靈魂意識成長與進化所需的啟發與領悟。

## ◉海豚歸零①：消除大腦層次的雜念能量

①雙手放在頭上，指尖觸碰頭皮，找找看哪裡的觸感（調性）和其他部位不同（例如緊繃、沉重、發熱等）。

②使用腹式呼吸法緩緩吐氣，一邊想像宇宙智慧透過松果體導正了調性偏離正軌的部位。

③使用腹式呼吸法吸氣，一邊想像地球能量擴大了大腦能量，並進一步感受觸感不同於周遭的那個部位。

④反覆進行幾次步驟②與③。

⑤一邊做，一邊想像自己消除了腦袋裡的普遍觀念與僵化思想，大腦變得澄淨無比。

⑥確認一下調性是否比剛開始的時候更加一致了。

## ◉海豚歸零②：在松果體層次上導正與改寫DNA能量

①用雙手在身體前方做出松果體形狀的大能量球，兩隻手捧著這顆能量球。

②用雙手感受這個松果體的能量體。

③找找看這個能量體有哪裡的觸感（調性）和其他部位不同。

④使用腹式呼吸法緩緩吐氣，一邊想像宇宙智慧導正了調性偏離正軌的部位。

⑤使用腹式呼吸法吸氣，一邊感受地球能量擴大了松果體能量，並進一步感受觸感不同於周遭的那個部位。

⑥反覆進行幾次步驟④與⑤。

⑦一邊做，一邊想像自己導正了紊亂的DNA能量，並在DNA能量中寫上自己希望的資訊，換掉原本的。

⑧確認一下調性是否比剛開始的時候更加一致了。

## 海豚歸零①

雙手觸碰頭部。

吐氣時導正出現異常的部位，吸氣時進一步感受異常部位的狀態。

感受異常部位的狀態，比較這個部位和其他部位的差別（例如較硬、僵硬、發熱、鬆弛、冰冷、刺痛等），並一邊加以導正。

持續重複這個步驟，目標是讓整個頭部摸起來的狀態都變得一致。

這麼做能消除擾亂劇本運作的普遍觀念與僵化思想。

## 海豚歸零②

想像雙手包覆著自己的松果體能量。

右手感受右側松果體的能量（人生與身體的劇本），左手感受左側松果體的能量（劇本之外的雜音）。

吐氣時導正出現異常的部位，吸氣時進一步感受異常部位的狀態。

感受異常部位的狀態，比較這個部位和其他部位的差別（例如較硬、僵硬、發熱、鬆弛、冰冷、刺痛等），並一邊加以導正。

持續重複這個步驟，目標是讓松果體能量摸起來的狀態都變得一致。

只要解決了當初自己的靈魂意識選擇的人生與身體劇本的課題，就能額外加上自己理想中的劇本或改寫劇本內容。

# 松果體覺醒訣竅 8：海豚和諧

「海豚和諧」是所有自我工作中最強大的一個方法，可以將宇宙智慧與松果體連結在一起。

只要運用這個方法，就能隨心所欲地徹底改寫自己的 DNA 能量。

## ◎想像自己被自我宇宙的泡泡包圍

使用腹式呼吸法緩緩吐氣，一邊想像宇宙智慧從松果體順著脊髓（脊椎裡的神經）往下流動。

這股能量相當涼爽。

吐氣時想像身體的頻率提高，自己的身體從頭部開始往下逐漸消失。

接下來，使用腹式呼吸法緩緩吸氣。

吸氣時，將地球能量（這股能量頻率雖低卻有很強大的力量）從脊椎下方往上吸進體內。

將地球強而有力的振動能量吸入體內後，開始想像那顆自我宇宙的泡泡變大了。

這是一股相當溫暖的能量。

因爲地球能量的振動幅度較大，所以讓人覺得很溫暖。

吸氣時，將這股溫暖的能量從地球吸進脊椎裡，能量從脊椎下方通往上方。

當自己多了這股強而有力的能量之後，自我宇宙也變得越來越大了。

每次吐氣時，宇宙智慧的頻率都會通過身體，身體的頻率會跟著提高。而隨著身體頻率提高，身體消失的部分會越來越多。

而每次吸氣時，自我宇宙都不斷擴大。

反覆吐氣、吸氣。

於是，自我宇宙會變得越來越大，自己的身體則逐漸消失。最後，在一顆很大很大的自我宇宙泡泡中，只留下一個沒有身體的能量體。這個能量體就是松果體能量。

這個時候，你拋下了原本那個老舊的自己，在松果體的ＤＮＡ能量寫上一個理想的、嶄新的自己。

同時，這一切也會按照新的ＤＮＡ劇本寫的那樣，在泡泡中創造出理想的自己與理想的環境。

在這個過程中，松果體會不斷活化。

## 海豚和諧

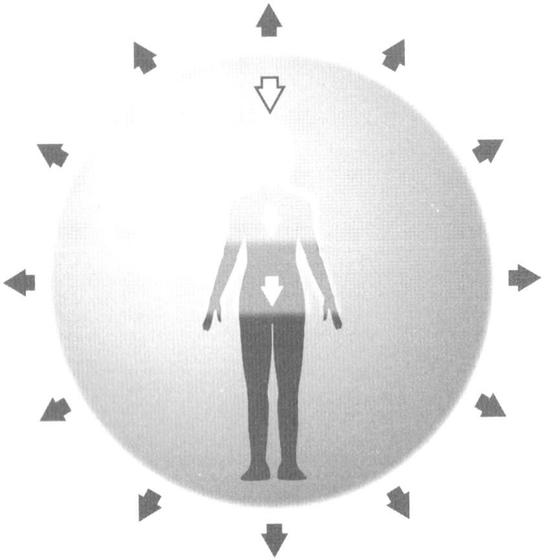

【吐氣時】⇨ 身體由上往下逐漸消失。
【吸氣時】➡ 泡泡宇宙不斷擴大。

持續重複上述步驟，同時想像以下情景：

當身體完全消失時，只剩下一顆泡泡（＝廣大的宇宙）。
↓
自己只剩下松果體的能量，這個能量體自由地到處飛翔。

描繪理想的自己、理想的世界，在泡泡宇宙裡創造出這個理想中的自己和理想中的世界。

第 6 章

# 松果體覺醒的奇蹟故事

## 現實世界中那些松果體覺醒的人

任何事情，只要你不把它看成與自己切身相關，要成功做到這件事形同緣木求魚。

此外，一件事直到普遍被大多數人接受之前，效果只會顯現在極少數的人身上。

這樣的狀況和集體意識有很大的關係。

首先，即使用頭腦理解了一個道理，但只要得不到潛意識的協助，就無法在現實世界中顯現效果。由於潛意識與集體意識之間有很強的連結，因此集體意識會妨礙潛意識的運作。

大部分人認定「有可能發生」的事，總是比較容易實現。不過，假如在這種狀況下目標卻始終無法實現，問題就是出在自己的顯意識——普遍觀念與僵化思想。

舉個淺顯易懂的例子。在很長一段時間裡，想要在男子一百公尺短跑的比賽中破紀錄，就必須締造九秒開頭的成績，而這個數字形同一座無法跨越的高牆。

長期下來，所有人都認爲以人類的體能根本不可能跑出九秒多的成績，直到有一名選手跑出了九秒開頭的紀錄爲止——一九八三年五月十四日，卡爾．劉易士締造了九秒九七的紀錄。他是地球上第一個跑出九秒開頭成績的短跑選手，但之後僅僅過了兩個月，一九八三年七月三日，凱文．史密斯就創下九秒九三的新世界紀錄。

接下來，又陸續出現多位跑出九秒多成績的選手。儘管九秒多這個數字遠超乎尋常人類的體能範圍，但進入一九九〇年代之後，人們看到九秒多的成績已經不太會感到訝異了。

從這個例子可以發現，當卡爾．劉易士達到這個目標後，人們對這件事的集體意識便從「不可能發生」改寫成「有可能發生」，因此選手就變得有辦法達到這個目標了。

那些原本被「不可能發生」的集體意識形成的潛意識阻礙，以致無法前進一步的選手，在集體意識被改寫成「可能發生」之後，就能夠達成目標了。

接著，當人們看到許多選手陸續締造這樣的紀錄之後，大部分人的集體意識更是進一步轉變為：「經過千錘百鍊的一流選手，是有可能跑出九秒多的成績的。」

一旦大多數人都抱持相同的想法，這個想法就會形成集體意識，產生一股強大的力量，然後就會有越來越多選手達成這個目標。

於是，由普遍觀念與僵化思想構成的顯意識就這樣改變了。

世界上所有事物的運作原理，就跟這個例子一樣。

所以，我們應該撕下那些深植於潛意識與顯意識中的「不可能」標籤。

倘若不重新為自己想做的事貼上「有可能發生」的標籤，就永遠不可能獲得「成功達成」的結果。

雖然你現在已經知道松果體活化會帶來奇蹟，但只要潛意識與顯意識認爲這是「不可能的事」「不會發生的事」，那麼就不會產生任何變化。

這個時候，多聽聽別人的實際體驗，可以有效幫助你撕下心中的標籤。

接著，一步步消除顯意識，讓潛意識沉睡，透過松果體與超意識（宇宙意識）連結，就能開啓奇蹟之門。

事實上，每天都有許多患者帶著各式各樣的人生或身體方面的問題前來「鎌倉海豚醫師診所」，但我們爲每一名患者看診的時間，卻僅僅只有三～四分鐘。我們看診的目標在於透過操縱身體與大腦，導正並改寫松果體的高次元DNA，讓患者的松果體活化。在我的診所裡，每天都像理所當然般地不斷出現世人稱之爲「奇蹟」的事。

地球社會的「奇蹟」，對我而言卻是「很正常的事」。

舉個例子，人們總是認爲過動或自閉症的小孩無法順利融入社會，做什麼都沒辦法成功，但其實只要他們的松果體活化，就能喚醒潛在的天賦，發揮出衆的繪畫或音樂等才能。許多來接受診療的患者後來都能跟上學校課程，無論是小孩或大人，接受診療後都判若兩人。

其實，不是只有特殊的患者才會顯現卓越天賦，任何人一旦開啓松果體的通道後，都很容易發揮自身天賦。因此，不光是小孩，包括大人與老年人在內，都很有可能出現令人驚奇的變化。

此外，也經常有頭髮全白的患者僅僅接受一次診療後，隔天頭髮就變成全黑的了。

只剩幾個月壽命的癌症病患徹底康復、彎曲的骨頭在眼前瞬間變直、消失的肌肉瞬間長出來……各式各樣現代醫學認爲不可能的事，都變得有可能發生。

這就是我獨創的「超次元・超時空松果體覺醒醫學∞ IGAKU」。

只要松果體這個器官甦醒，那些常理無法解釋的現象都有可能發生在所有人身上。

這些奇特的現象是**按照「人生→情緒→身體」的順序出現變化**，這個順序跟世上的普遍觀念與刻板印象相反。

我在此只能列舉少數幾個案例，但只要你能明白現實中確實發生了這樣的事，就有辦法消除顯意識，讓潛意識沉睡，並與超意識（宇宙意識）連結，促進松果體活化了。

## ◉提不起精神工作的女性

這是一名五十多歲的女性。

她告訴我，她的問題是「因爲對自己沒自信而感到痛苦」「頭暈目眩」。

聽完她的敘述後，我發現最大的問題在於「明明非得出去工作，但因爲對自己太沒自信，所以沒辦法工作」。因爲無法工作而焦慮，很受不了這樣的自己。

除此之外，她還出現頭暈目眩的症狀，所以晚上總是睡不著。於是，每天都過得痛苦不堪，就這樣陷入惡性循環。

雖然她已經來接受診療好幾次了，松果體逐漸恢復運作，但頭暈目眩的狀況依然存在。

之所以會如此，是因爲身體的變化會到最後才出現。

她一開始的改變是——

「感覺我最近漸漸不再煩躁了。」

她的心情越來越平靜，對我說：「雖然我沒辦法工作，但我現在覺得這樣就好了，漸漸不再焦慮。」

接著又邁入下一個階段。她開始告訴我：「我一直很討厭自己，但現在越來越能接受自己了。」她還不知不覺地找到了新的工作。

從這名患者的故事中，我們可以看到一開始是人生方面出現變化，接著在不知不覺間，內心的情緒也開始改變。

在情緒出現變化之前，人生劇本就已經先改變了。因此，人生方面會有所變化，可能是找到新的工作，也可能是認識了新的對象。

最後，她終於察覺到身體狀況出現變化，對我說：「對了，醫生，我最近已經不會頭暈目眩了。」

她已經在不知不覺中徹底忘記自己曾經會頭暈的事，猛然想起來，於是才會說「對了」。這表示情況十分理想。

一旦松果體進入活化狀態，就會像這名患者一樣，先是人生劇本有所改變，接著是情緒出現變化，最後則是身體方面的轉變。

## 感情不好的母女

這是一名患有關節炎的三十多歲女性。

她和母親因爲吵架而疏遠，內心始終憎恨對方，長久以來完全不和母親見面。

不過，她心裡始終覺得：「難道就這樣一直留著心結嗎？」「畢竟是自己的親生母親，終究還是會在意對方。」

隨著開始接受診療，她的松果體逐漸活化。有一天，她告訴我：「雖然我長久以來一直很恨我母親，但最近好像變得不太恨她了。」沒錯，她的人生劇本開始改變了；接下來，情緒方面也出現變化。這時，她又告訴我：「最近我母親對我說她想見我，我聽了好高興。」她改寫了自己的人生劇本。

接著，她又出現新的變化。她對我說：「話說回來，最近我的關節炎已經不太會痛了。」她的身體終於也逐漸改變了。

## ⦿癌症瞬間消失的女性藝術家

這名女性的經歷令人印象深刻。

她的年紀在三十歲後半，乳癌細胞擴散到全身，被醫生宣布剩下兩個月的壽命。

「骨骼掃描」是一種利用放射線確認癌細胞是否轉移到骨頭的檢查方式，而她的骨骼掃描結果顯示全身都有黑影，代表癌細胞已經擴散到全身上下。

她乳房之間的肋骨出現雞蛋大小的腫瘤，看起來簡直就像第三個乳房。此外，轉移到骨盆的癌細胞帶來劇烈的疼痛，導致她從早到晚都痛苦不已，就算使用效果最強的麻醉性止痛藥，也完全不見效。

由於全身上下都遭受癌細胞侵蝕，因此她整天都被劇烈的疼痛折磨，白天清醒時痛得無法做任何事，晚上則因爲疼痛而無法入睡。

初診那一天，她搭乘新幹線千里迢迢來到新橫濱。一路上，她忍受著劇烈的疼痛，甚至沒辦法好好坐在椅子上。

然而，接受這一次的診療之後，她身上的疼痛突然消失了。一直以來的劇烈疼痛徹底消失，彷彿這一切原本就不存在。

當天晚上，她做了一個不可思議的夢：她夢到自己變成海草。她的身體長在海底的岩石堆裡，無法操縱自己的身體，只能隨著海浪的波動一直漂來漂去。身爲海草的她完全感受不到癌症的疼痛，任憑自己的身體隨著海水的流動漂來漂去，漸漸覺得這樣很舒服。就在這個時候，她感覺自己好像領悟了什麼，醒來時整個人覺得神清氣爽。

她本身是個創造力豐富的畫家，與大自然一同生活，擁有非凡的感性。由於她已經有過無數次想死的念頭，體會過無數次的絕望，於是對死亡的恐懼便緩和許多，不再執著於非得活著不可。

她在接受診療後獲得卓越的效果，從初診當天算起僅僅過了幾個月，胸部那顆雞蛋大小的腫瘤就變得越來越小，到了隔著衣服絲毫看不出來的程度。

而原先她的骨骼掃描影像是全黑的狀態，接受診療後，影像上的黑影越來越少，不到三個月，就幾乎康復了。

爲什麼這名女性身上會出現如此快速的變化？我想是因爲諸多條件同時聚集，於是就出現了這樣的奇蹟。

第一個因素是，她本身就按照原來的劇本寫的劇情走，因此成功導正並改寫了高次元 DNA。

一直以來，她累積了各式各樣的經驗（尤其是關於癌症方面），早已獲得許多領悟與啓發。

再者，因爲她從事藝術工作，擁有強烈的靈感力，對事物的接納度很高，能夠坦然接受那些不可思議的事。

有這樣的背景爲基礎，加上她又來接受診療，我在診療中一口氣替她開啓了松果體通道，連結宇宙智慧。

除此之外，海草的夢也很有意思——這個夢顯示的是她的其中一個多次元平行自我宇宙。松果體活化之後，就能移動到理想的自己所在的那個平行自我宇宙，將那個世界裡的自己與環境直接帶到這個世界來，所以她就把那個沒有疼痛、隨著海流漂蕩的海草具有的特質帶到現在這個現實宇宙中了。

於是，她的 DNA 資訊接二連三地改寫，讓她的身體狀態變得輕鬆愉快。

她藉由癌症獲得許多領悟與啓發，非常感謝這一路上的經歷，同時也想和許多人分享自己的心路歷程。

「抱著感謝的心情，決定幫助他人獲得領悟與啓發」的這股能量擁有極高的頻率，容易和宇宙智慧共振，宇宙智慧因而運作得更徹底，進一步加快變化的速度。

## ◉死於癌症的男性和他的家人

我在第三章提過，癌症患者最後會有三種結果：完全康復、雖然無法康復但與癌症和平共處，以及帶著癌症平靜離世」。無論哪種結果，都是當事人的靈魂做出的選擇，我們無法說哪個結果比較好。

不過，當松果體活化、獲得所需的啓發與領悟後，所有患者都不會再因爲疾病與症狀（在這個案例中是癌症）而感到痛苦了。

一名七十多歲的男性由家人帶來診所接受診療。他的肺癌已經惡化到相當的程度，轉移到全身上下，處於癌症末期，被醫生宣告剩下三個月的壽命。

於是，他整個人沉溺在憤怒的情緒中。

「爲什麼我會生這種病！」

「都是因爲在那間醫院接受那種治療，我的病才會變得更嚴重！」

「要是沒去那種醫院就好了！」

「抗癌劑讓我的身體都壞掉了！」

「開刀後身體反而更差了！」

他對任何事物都充滿怨懟，成天發怒。

這種情況在老年人身上特別常見。家人每天都要聽他發牢騷，精神方面承受相當大的負擔。

因爲患者本人一天到晚說「我眞是倒楣」「我眞是不幸」，身旁的家人也跟著落入不幸的深淵，每個人都變得鬱鬱寡歡。

然而，在松果體通道開啓之後，他的心情變得越來越平靜。原本他總是一直喊著：「爲什麼我會得癌症！好痛、好痛、好痛！」「我不想死，我不想死，我還想活著！」這時，他卻平靜得彷彿這一切都不曾發生。

而在怒氣稍微緩和之後，他身體的能量也逐漸恢復了。於是，他身上的疼痛減少，開始可以跟自己的身體狀態和平相處，原本不斷擴散的癌細胞也不再擴散，在家裡平靜度過的時間增加了。

「最近他的情緒變得比較穩定，人變得溫柔許多，也不再喊身體痛了。」他的家人高興地對我說。

過了一段時間，我正在想他最近怎麼都不來了，就在這時，他的家人來電告訴我，他去世了。

「醫生，這段時間非常感謝你。他一直到最後都過得很平靜，還常常說很想去醫生你那裡。多虧了你的幫助，他才能走得平平靜靜。」

原先他痛苦不已，固執己見，內心充滿憤怒與恐懼，但在接受診療後，松果體進入活化狀態，讓他獲得自己所需的智慧，改寫了原來的劇本。

接下來，事情依照劇本寫的發展，他領悟到「死並不可怕」，家人的心情也恢復平靜。於是，他感受到家人對他的愛，發現「我的人生是有意義的，我這輩子已經活夠了」，最後帶著這樣的心情迎接死亡。

這個結果也是松果體活化之後帶來的一齣人生戲劇。

## 兒時遭受父母虐待的女性

這是一名四十五歲左右的女性，從小到大一直被父母虐待。

由於她總是壓抑自己，沒辦法活出自己的人生，因此始終痛恨父母，也痛恨這個社會。

在松果體活化之後，她對我說：「因爲我從前遭遇太多事，所以一直以來都深深執著於過去。但現在我開始覺得，過去就過去了，再想也沒什麼意義。」

當她逐漸放下心中的執著時，著眼點就從過去轉到現在，內心的想法出現很大的變化。她告訴我：「感覺我好像可以蛻變成一個全新的自己。」

她找到了新的興趣，邂逅了可以共度一生的美好伴侶。

這是因爲她的松果體活化、通道開啓，轉移到嶄新的多次元平行自我宇宙的緣故。

〈後記〉

# 讓本書成爲你人生與身體的使用手冊

在我撰寫這本書期間，周遭也出現重大變化，我一步步改變了自己的診療方式。

我原本是先觸碰患者的身體，以導正細胞的調性；再觸碰患者的頭部，導正大腦的調性；之後，手隔空放在患者頭部上方，透過松果體導正高次元多股螺旋DNA的調性。

像這樣藉由導正與改寫患者的松果體DNA，讓他們的人生劇本與身體劇本出現自己理想中的變化。

我們的DNA能量本應接收宇宙智慧，然而，一旦被普遍觀念、僵化思想或他人與社會的集體意識影響，導致DNA糾纏在一起，我們就會一直在痛苦中掙扎。

透過診療將糾纏在一起的DNA鬆開來，讓患者有機會獲得自己所需的啓發與領悟，他們的人生與身體就有可能朝好的方向發展。

而現在的我已經不需要觸碰對方的身體，就能感受到他松果體的能量，從中得知對方的生活方式。

接著，我會導正對方的DNA，將糾纏在一起的DNA解開。如此一來，就能重新創造出最適合對方的人生與身體劇本。

而這本書裡提供的各種方法和訣竅，是地球上的每個人都可以自己實踐的，不需要我的參與。各位能憑藉自己的力量，自由操控自己的人生與身體。

本書所寫的一切知識與資訊，和現今的普遍觀念與刻板印象大相逕庭。而我在撰寫本書的短暫期間內，依然持續獲得新的啓發與領悟，所以也不斷修改與添加內容。

無論在哪個時代，新的思想總是因衆人的想法不同，而獲得不同的評斷，有時被人們認爲是眞的，有時則被認爲是假的。

我們都是選擇在此時此刻來到地球享受冒險之旅、一同生活在地球上的靈魂。我們的「泡泡自我宇宙」透過這本書而彼此靠近，觸碰到了彼此。

之後要怎麼做，是各位的自由。要不要選擇讓松果體活化，開啓矗立在眼前的冒險大門，是每個人的自由。

＊＊＊

教導人們如何成功及自我啓發的書，內容總是寫著：「只要這樣，就能變成那樣！」而讀者閱讀的時候，想必也是抱著「我想變成那樣」「我不該是這樣」「我應該變成那樣」等想法。

不過，大家最後往往都無法「變成那樣」。現在的地球人看了這些書，運用書裡寫的方法，最後依然落入「沒辦法變成那樣」的結果。

人總是習慣賦予事物一個**定義**，認爲一件事物「必須這樣才行」「這是好的或壞的」。假如自己並不符合這個定義，那麼閱讀這些書只會感到痛苦而已。

就算無法成功，就算達不到目標，也沒什麼關係。只要將「不順利的狀態」寫到劇本上、改寫劇本，活出這個狀態就好了。

從今以後的時代，將以「解脫」與「重生」爲主題。

進入新時代之後，人們將從「必須是這樣」「必須變成那樣」的思想中解脫出來，然後重生。無論是神的層次，還是我們地球人的層次，未來都會朝著這個方向邁進。

總而言之，接下來的時代會越來越重視解脫，人們會開始放下那些一直以來認爲「必須這樣才行」的事物。

地球人的壞習慣在於總是用好壞來判斷一件事。此外，大部分的人也養成和他人比較的習慣，特別是那些害怕直視別人的眼睛、對自己缺乏信心的人，更是會因此產生擔憂與恐懼的心理，於是就越來越不知道自己眞正的樣貌是什麼了。

「要是我這麼做，別人會怎麼想？」

「我在別人眼中是什麼樣子呢？」

一旦產生這種想法，就再也走不出這個框架了。壓抑自己，甚至封印自己，結果就形成了現在地球社會的樣貌。

請放下「必須這樣才行」的想法，如實接納眼前的一切。當你開始覺得「這樣好像挺有意思的」「感覺很開心耶」，人生就會變得越來越輕鬆愉快。

接下來，我們要從地球社會的思考方式與生活方式解脫，一個全新的自己即將誕生。

＊＊＊

只要以人類的身分活著，就會在各個不同的時間點面臨人生或身體方面的問題。這時，人們會急於解決問題，整個人糾結其中。而在這個糾結的過程中、在經過許多嘗試與錯誤後，會獲得各式各樣的領悟與啓發，這是非常重要的過程。

話雖如此，但我們都希望盡量可以不要受苦，也不想耗費太多時間，希望能在一段很短的時間內，盡可能減輕痛苦的部分，讓自己輕鬆一點。

這個時候，請你想一想。

你身在一座漆黑的迷宮裡，既不知道該走哪條路，眼前也沒有一絲光線，要逃出迷宮極爲困難。這時，你很有可能會感到悲觀與絕望，半途就一蹶不振。

不過，假如現在有一本指南書，讓你看見一絲光明呢？即使依然置身迷宮當中，當你看到走出迷宮的希望時，就會湧起幹勁與勇氣，心裡一口氣輕鬆許多，不需要再苦苦糾結了。

希望各位可以稍微明白靈魂的目的，以及人生與身體的意義，將這些視爲自己的餘興節目，逃出這座地球迷宮。

願本書能成爲各位人生與身體的使用手冊。

∞ishi海豚醫師　松久正

國家圖書館出版品預行編目資料

松果體的奇蹟：覺醒內在潛能，改寫人生與身體的劇本／松久正著；邱心柔譯. -- 初版. -- 臺北市：方智，2019.03
256面；14.8×20.8公分. --（新時代系列；185）
譯自：松果体革命 — 松果体を覚醒させ超人類になる!
ISBN 978-986-175-518-2（平裝）

1.超心理學 2.心靈學 3.潛能開發
175.9 107023951

Eurasian Publishing Group
圓神出版事業機構
用心與你對話・網野無限寬廣
方智出版社
Fine Press

www.booklife.com.tw reader@mail.eurasian.com.tw

新時代系列 185

松果體的奇蹟：覺醒內在潛能，改寫人生與身體的劇本

作　　者／松久正
譯　　者／邱心柔
發 行 人／簡志忠
出 版 者／方智出版社股份有限公司
地　　址／台北市南京東路四段50號6樓之1
電　　話／（02）2579-6600・2579-8800・2570-3939
傳　　真／（02）2579-0338・2577-3220・2570-3636
總 編 輯／陳秋月
副總編輯／賴良珠
責任編輯／黃淑雲
校　　對／黃淑雲・賴良珠
美術編輯／潘大智
行銷企畫／詹怡慧・王莉莉
印務統籌／劉鳳剛・高榮祥
監　　印／高榮祥
排　　版／陳采淇
經 銷 商／叩應股份有限公司
郵撥帳號／ 18707239
法律顧問／圓神出版事業機構法律顧問　蕭雄淋律師
印　　刷／祥峰印刷廠
2019年3月　初版
2024年4月　31刷


定價 280 元　ISBN 978-986-175-518-2　